Johann Georg Grabern

Eine kurze Eröffnung und Anweisung der drei Prinzipien und Welten im

Menschen

Johann Georg Grabern

Eine kurze Eröffnung und Anweisung der drei Prinzipien und Welten im Menschen

ISBN/EAN: 9783743471894

Hergestellt in Europa, USA, Kanada, Australien, Japan

Cover: Foto ©Thomas Meinert / pixelio.de

Manufactured and distributed by brebook publishing software (www.brebook.com)

Johann Georg Grabern

Eine kurze Eröffnung und Anweisung der drei Prinzipien und Welten im

Menschen

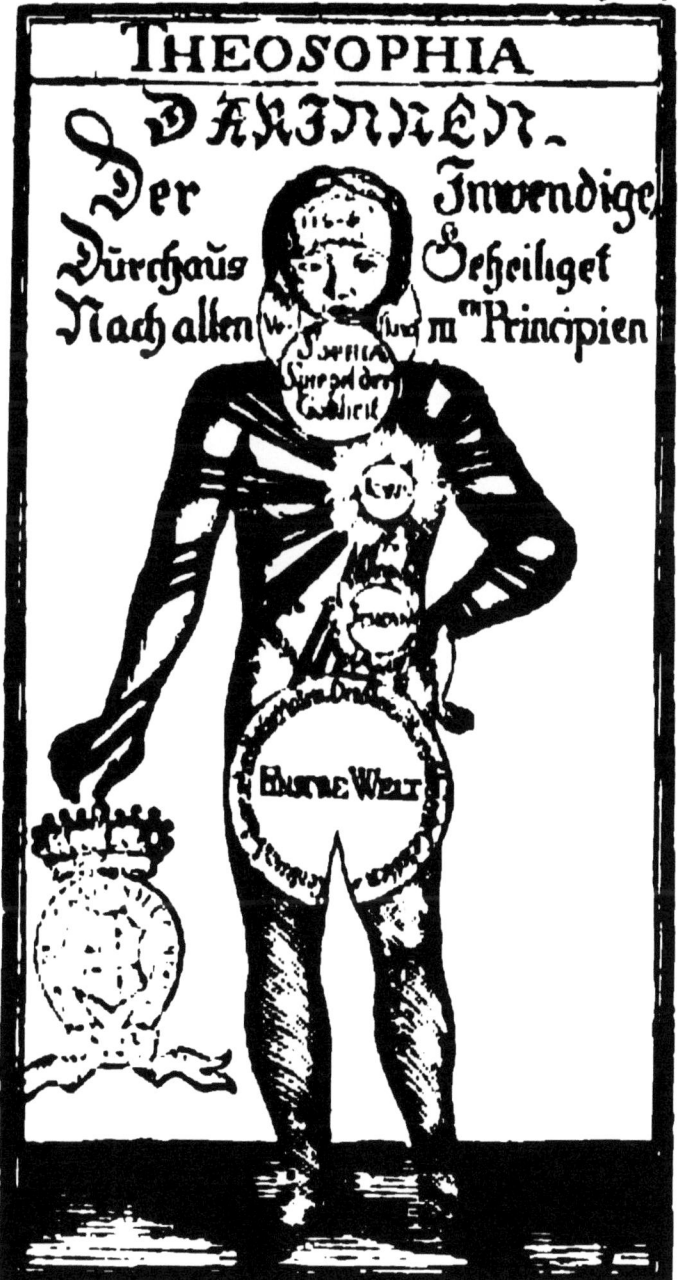

PRACTICA

DARGESTELLET

Volkommene Mensch H:
und Erleüchter
Göttliches Wesens.

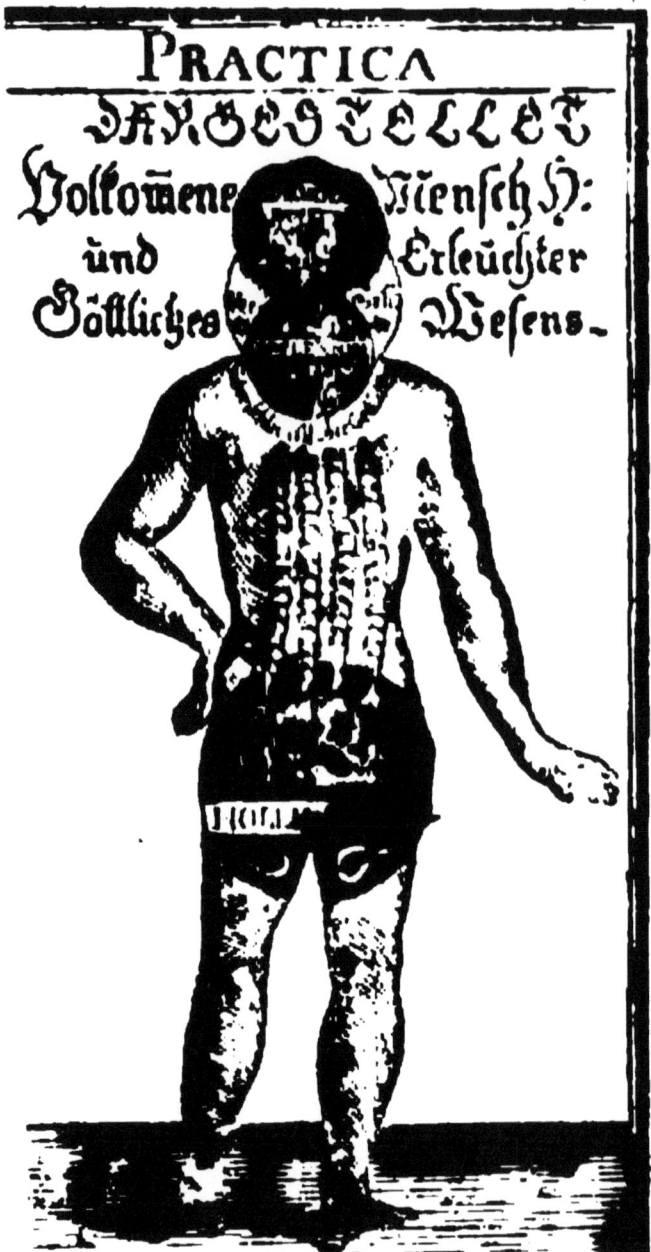

Eine kurze
Eröffnung und Anweisung
der dreyen Principien
und
Welten
im Menschen,
In unterschiedlichen Figuren
vorgestellet:
Wie und wo eigentlich ihre Centra im innern
Menschen stehen; gleich sie der Autor selbst im göttlichen
Schauen in sich gefunden, und gegenwärtig in sich
empfindet, schmecket und fühlet.

Samt einer Beschreibung
der dreyerley Menschen, nach Art des in ihme
herrschenden Principii oder Genies.
Worinnen sich ein jeder als in einem Spiegel besehen kann, unter welchem Regiment er in seiner
Lebensgestalt stehe und, lebe.

Nebst einer Anweisung,
was der Streit Michaels und des Drachen,
auch was das wahre Beten im Geist
und Wahrheit sey:
Abgemalet und vorgestellet
durch
Johann Georg Grabern von Ringenhausen,
Johann Georg Gichteln von Regensburg,
im Jahr Christi 1696.
Neue Auflage.

Berlin und Leipzig 1779.
bey Christian Ulrich Ringmacher.

Vorbericht

1.

Der geliebte Leser empfähet allhie wider alles Vermuthen, worauf er so lange Jahre gehoffet. Es sind die Fraguren vom Inwendigen Menschen, welche unser Autor 15 Jahr lang bey sich verborgen gehalten, bis an sein Lebensende, und wir noch 10 Jahre nach demselben:

2. Sie sollten auch ferner geheim gehalten worden seyn, wofern sich die Liebe nicht von neuem damit im Geiste beweget, zu gefallen ihren Liebhabern, und zuletzt die Erlaubniß gegeben, und uns gestärcket, sie dem Druck zu vertrauen, und dem generalen neuen Druck dieser geeigneten und vermehreten dritten Edition der gesalbten Briefe zuzufügen, als einen lieblichen Zierrat; zugleich dem Leser zu einem Schlüssel, im Geiste des Verstandes, desto besser zu verstehen, was er lieset.

3. Wir erfreuen uns mit dir über GOttes großen Freundlichkeit, in kindlichem Herzen, die einander das Gute gönnen, und GOtt mit einander darüber preisen.

4. Empfahe dann dieses Geschenke, welches die Liebe gegeben, als man bereits sehe weit in dem Druck avanciret gewesen, mit züchtigem Herzen, als von GOtt, und gebrauche dir desselben, wie alle Schrift des Schreibers, zu deiner Seelen Heil und Nutzen.

5. Der liebe Leser wird auch zu angenehmen Gefallen nehmen, daß wir ihme eine kurze Einleitung in die Figuren gestellet, die wir dieser Schrift an jedem Ort einverleibet haben. Wir sind darzu vermöget, und im Gemüthe angefrischet worden, da sich GOttes Geist geöffnet, und uns das Wort gegeben, dem Verlangen zu vollthun:

6. Auch um gewisser maßen zu erfüllen, was dem Autori selber nicht in die Feder fließen wollen: Ob man den göttlichen Reichthum zwar auf einmal nicht ausstrecken kann, nur so viel der Heil. Geist, welcher den Schlüssel darzu hat, jedesmal auszusprechen giebet.

7. In demselben Gnadenausfluß wir dann auch den Proceß JEsu durchgegangen, was unser liebster Heiland seither in unserer Menschheit gethan, und im Geiste weiter gefödert worden ist, bis auf diese Zeit, in JEsu Kraft, welcher der Anfänger und Vollender unsers Glaubens ist.

8. GOtt Lob! daß wir den Tag erlebet, nach welchem der Autor in seiner Zeit so sehnlich verlanget hat. Die Geburtsarbeit mit dem äussern Geiste (welche gewaltig auf den äussern Menschen mit angekommen) übergieng aber die natürliche Kräfte des Alters; dahero die Jungfrau ihrem Bräutigam zu sich rufte, und dem jüngern Alter diese strenge und harte Arbeit auferlegte.

9. Darinne wir JEsum auch mit uns gehabt, welcher uns der Arbeit der jüngern Jahre unsers Stretters auch genießen lassen, zu gemeinem Nutzen aller Mitglieder. GOtt zum Lobe, Amen.

Vorrede

An den GOtt- und Weisheitliebenden Leser.

1.

Wiewohl ich sehr blöd und bedachtsam gewesen, dieser gegenwärtigen grobenteutschen Welt, welche die edle Perle der Erkentniß GOttes und sein selbst nur mit Füssen tritt, und deren Liebhaber zerreisset, dieses mir in meinem grossen ernsten Ringen eröfnete Paradisblümlein mitzutheilen; so haben doch meine liebe Mitstreiter durch ihr vielfältiges Antreiben mich übermocht, solches denen, welche dem Mysterio GOttes in ihrem inwendigsten Grunde nachspüren, zur Anleitung ans Licht zu geben, damit sie einen Spiegel vor Augen haben mögen, sich darinnen zu beschauen.

2. Auch zu einer Erinnerung und Warnung, weil Adam die Schanze versehen, die kalte grimmige Finsterniß in seinem Lebensgestalten erwecket und wirkende gemacht, und in allen seinen Zweigen und Kindern einen heftigen Streit des Bösen wider das Gute, der Finsterniß, auch Zorns und Neins wider das Liebe, Liebe und Ja erwecket.

A 3 3.

3. Daß ein jeder demnach auf seiner
Hut seyn, fleißig und ernstlich wachen und
beten, auch scharfe Aufsicht auf alle böse
giftige Einflüsse des höllischen und irdischen
Gestirns sorgfältig tragen, und genau auf
das Waagzünglein, oder Begierde, Lust
und Imagination seines Gemüths acht haben möge, damit das Gute nicht überwogen,
und sein Fall und Riß grösser werde.

4. Welches gar leicht und geschwind
versehen ist, wann die Seele ein wenig sicher
und unachtsam wird, sich ins Irdische un-
vorsichtig auswendet, und mit einer irdischen Lust vom Geist dieser Welt schwängern
läßt, oder einen grimmigen Gedanken wider
seinen Bruder einläßet, und in Hoffart über
die Thronen ausfähret.

5. Dann es hungern alle drey Principia um die Seele: ein iedes suchet das Ober-
reatment, und ringet so lang darum, bis es
überwunden hat, oder überwunden und vom
Stärksten, nemlich vom Lichte, welches allein allmächtig ist, gebunden und unterthan
gemacht worden, wie ich solches in meinem
langjährigen ernsten Kampf wohl erfahren.

6. Und ist nicht genug, daß mancher
mit einem guten Vorsatz und Ernst beginnet, auch acht, neun, zehen oder mehr Jahre
darinnen verharret, und endlich leichtsinnig
weichet, nicht allein sich selbst, sondern auch
andere schwache Herzen ärgert, und mit sich
ins ewige Verderben stürzet;

7. Sondern er muß seine ganze Lebens-zeit dem HErrn opfern, sich mit Leib, Seel, und Geist, so wohl auch Gut und Blut, Ihm ewig ergeben, und denken, daß er von GOtt aus lauter Gnaden die Wiedergeburt beruffen, und seinem GOtt ewige Treue und Standvestigkeit zugesaget, auch bey seinem Haupte Christo vest zu stehen, und sein Leben für sein Zeugniß der Wahrheit darzulegen verbunden sey.

8. Und was mag es einem helfen, daß er sein irdisches Leben liebet, und solches zu erhalten trachtet? es ist doch zerbrechlich, und wirds endlich nach Christi Ausspruch verlieren. Viel besser ists, daß man die Hand nicht an den Pflug legt, und in seiner Einfalt so lang geduldig auf des HErrn Ruf wartet, oder so man ja im Gemüth von GOttes Geist getrieben wird, in Demuth wandele, die Rechnung seiner inwendigen Kräfte oft überschlage, ob man sich mit Zehen- gegen Zwanzigtausend zu bestehen getraue, und lieber langsam gehe, als daß er fliege, seinen Feind verachte, und endlich überwunden werde.

9. Welches ich denen zur Warnung schreibe, die zwar freudig in des HErrn Nachfolge treten; aber noch um keinen ernsten Streit wissen: Denn der Beginn ist gemeiniglich süß, freudig und sehr angenehm; wenn es aber an den Ernst gehet, daß die Seele ihren Willen aus dem äussern Gestirne ziehen, und sich in GOtt in ihr

A 4   Cen-

Centrum einwenden, alles Sichtbare verlassen, und durch die achte Gestalt des Feuers durchdringen soll, so kostets Arbeit und blutigen Schweiß, da die Seele mit Gott und Menschen ringen muß.

10. Wo du nun dein Leben lieben und wieder zurück sehen willst, so kömmt der Teufel mit sieben ärgern Geistern, verriegelt dir in allen Gestalten deine arme Seele, daß du die ganze Zeit deines Lebens in grossem Elend, Armuth, Hunger und irdischer Bauchsorge des Weltgeistes Sclave, und des Teufels Gefangener seyn, und endlich doch mit Zittern, Angst und Wehe ins Feuer GOttes eingehen mußt; davon ich in meiner Zeit, leider! betrübte Exempel erfahren.

11. Du bist in dieser Zeit dein eigener Macher: Bleibest du in der Demuth, und machest einen Engel aus dir, so bist du ein Engel; machest du aber einen stolzen fliegenden Teufel aus dir, so bist du ein Teufel, und kannst GOtt nicht beschuldigen.

12. Das Feuer der achten Gestalt ist das Scheideziel: welche Figur ich zwar aus Böhms Schrift vom dreyfachen Leben entlehnet, aber um der Einfalt willen in solche Figuren gestellet, dieweil der Mensch so gar sehr irdisch und äusserlich worden, daß er immer über sich speculiret, und dasjenige, was ihme innerlich im Centro der Seele sehr nahe bey ist, ferne über dem gestirnten Firmament in der hohen Ewigkeit suchet.

13. Auch ist in den folgenden Figuren vor Augen gemalet, wie in ihme die drey Welten in einander sind, oder unter einander stehen, wie sie mir der gütige GOtt eröffnet, ja selbst in alle Centra meinen Geist eingeführet. Denn ich zeige nur die Centra an. Wollte jemand große Zirkel oder Globos machen, und dieselbe in einander ziehen, der mags thun; wie ichs im Geiste gesehen, so habe ichs auch aufgezeichnet.

14. Und wiewohl eben nicht ein jeder zur Schaulichkeit gelanget, denn es stehet in göttlicher Gnade und standvester Treue, Sieg und Ueberwindung; so wird doch ein ernster Strecker aus seiner Empfindung und Schmack deren in sich wohl gewahr werden, so er innig mit GOtt wandelt.

15. Dabey ich im fünften Capitel den Streit Michaels und des Drachen, was er sey, und wie er in der Creatur durch Trennung und Scheidung des Einen Willens in viele widerwärtige Willen urstände, auch welche Versuchungen dem Jungfrauensohn zu Handen stoßen, ehe er in der geistlichen Ehe völlig versiegelt wird, beygefüget und erörtert.

16. Und letzlich im sechsten Capitel vom Gebet und dessen Mysterio, was nemlich im Geist und Wahrheit recht beten sey, wie ichs aus eigener Erfahrung erlernet,

A 5.   etwas

etwas gemeldet, weils eines Streiters un-
entbehrliches Schwerdt ist.

17. Der liebe Leser nehme es in Liebe
auf, gebrauche es zu seinem Nutzen, und
danke GOtt, von dem ichs empfangen.
In dessen theure Liebe ich auch den Leser,
und mich in sein christliches Gebet empfehle.

Das erste Capitel.

Vorbericht.

1. Gott suchender Leser! Man theilet dir allhie das Rad der Geburt nach allen dreyen Principien: unzertheilt und ganz mit, damit du zum Voraus sehest, wie die Gestalten oder Kräfte im neuen Menschen in ihrer Ordnung sich im Gemüthe gebären.

2. Bilde dirs auch lebendig in dem Gemüth ein, so wirst du unsern Autorem in den nachfolgenden Figuren desto leichter verstehen lernen, dieweil der Verstand anwendig im Gemüth stehet.

3. Zumal er dir allhie, als zum Eingang, nur überhaupt zeigen will, was das erschaffene Bild Gottes vor dem Fall gewesen, welches in der Verborgenheit im Geiste stehet, von dem Autore in der Praxi erkannt, und in den Figuren, vom vollkommenen Menschen, und der neuen Geburt in Christo, die ausgewickelt worden.

4. Und in dir in der Wiedergeburt nach gerade auch zum Wesen kommen, und erkannt werden wird, wann du dem Schreiber im Ernst nachfolgest.

Vom großen Mysterio Göttlicher Offenbarung, nach Zeit und Ewigkeit im menschlichen Bilde.

1.

Wann wir den Menschen in einer innerlichen tiefen Geburt beschauen und betrachten wollen, so müssen wir nur mit unserer Seele aus dem irdischen gestirnten und elementarischen Leben in das innere göttliche Leben Jesu Christi in uns umwenden, und diesen theuren Arzt um Gnade anruffen, daß er uns von Natur Blindgebornen aus Gnaden die Augen, welche uns der Teufel im Paradies zugeschlossen, wieder öffnen wolle; damit wir unser verlornes Lichtes-Auge wiederum erlangen, und Gott in uns erkennen und schauen mögen; sonst wirds wohl ein verstecktes Mysterium bleiben, und unserm vernünftigen Stern-Auge unbegreiflich seyn.

2. Denn was wir äußerlich am Menschen und seinem Wandel sehen, ist, außer der Sprache und natürlichem Ohr-Regiment der sinnlichen Vernunft, mit allen Thieren gemein; und wenn der Mensch seine Geburts-Zeit erreichet, so gehet es wie alle Thiere wieder in seine Mutter, die Erde: Und sollte mancher wohl wünschen, daß keine Auferstehung wäre, damit seine Werke nicht ans Licht kommen möchten.

3. Weil nun dem lieben Gott gnädig gefallen, mich unwürdiges Würmlein zur Erkenntniß meiner selbst zu bringen, habe ich solches nicht in meine Eigenheit vergraben; sondern dem, der Lust daran haben wird, zu Nutz mittheilen, und diese Figuren

im menschlichen Bilde vorstellen wollen, ob doch einer oder anderer, der noch im Aeussern über dem Gestirne Gott zu schauen und zu finden meinet, sich im Geist erblicken möge.

4. Wie ich in meiner Jugend dann auch sehr darnach getrachtet, weil ich in heiliger Schrift gelesen, daß Moses, Josua, David und andere heilige Männer mit Gott gesprochen, und manchen halben Tag allein ins Feld ausspatzieret, und den Himmel angesehen, mein Intent aber nicht erreichen mögen.

5. Bis der gnädige Gott mir endlich innerlich von Angesicht zu Angesicht erschienen, und seinen Himmel in mir eröffnet, auch mit meiner Seele orataliter und mentaliter, Mund zu Mund gesprochen, welches mich nicht wenig erquicket, auch zur Gegenliebe meines liebsten Jesu sehr feurig gemacht, daß ich mich Ihme mit Leib, Seel und Geist verbunden, nicht mehr von Ihm auszugeben, oder in Leiden und Trübsal abzuweichen, vestiglich vertrauende, daß Er seinen Geist ewig nicht von mir nehmen, noch mich aus Ihme werde reissen lassen.

6. Massen Er auch solches treulich gethan: Deme sey auch allein alle Ehre, Macht, Stärke, Reich und Herrlichkeit in alle Ewigkeit, Amen!

7. Der Mensch ist eigentlich in seiner äussern und innern Geburt ein dreyfaches Gestirn, wie aus dieser Figur zu ersehen, welches in einem fortwährenden Treiben und hungerigen Begehren nach seinem Centro lebet, auch sich immer ängstlich um dasselbe herumwälzet und drehet, solches zu erreichen, und darinnen Ruhe zu finden: Und ob es schon dasselbe erreichet, kann es doch nicht ruhen, bis

es

es wiederum in seinen ersten Ursprung, daraus alles
erschaffen und angeboren worden, gekommen &c.

8. Das erste ist das äussere Gestirn und des natürlichen Menschen Regierer und Führer, der ihn
zu allerlei Künsten, Handwerken, Studien und Geschäften treibet, gute und böse, reiche und arme, ho-
he und niedrige Menschen machet, wie solches vor
Augen ist. Diesem Regiment ist Adam in seinem
Fall heimgefallen, und hat alle seine Kinder mit
darunter gebracht, daß wir in dieser Zeit, ohne die
Wiedergeburt und harten Kampf, uns deme nicht ganz
entreissen mögen.

9. Dieses Leben mit seinen sieben Gestalten der
äussern Natur windet sich hinein bis ins Herz, in die
Sonne, welche mit ihrer Wurzel im Feuer stehet,
wovon sie ihren Glanz und Schein hat. In diese
sieben Gestalten hat sich der Teufel, die alte Schlange,
eingestochen, und die Seele versiegelt und betrüget,
davon Apoc. 5. zu lesen ist.

10. Die achte Gestalt ist die Feuer-Welt, mit
dem feurigen Gestirne, und stehet in der grossen
Welt wie in der kleinen Welt im Mitten, und ist
das Scheide-Ziel zwischen dem äussern und innern
Menschen: Wiewohl in der Wiedergeburt die Licht-
Welt im Mitten ist, darein sich Jesus gesetzet, der
Ihme die Feuer-Welt in unserer Menschheit unter-
worfen hat.

11. Dieser Feuer-Welt Wurzel ist die finstere
Welt, (von der Finsterniß Urstand siehe Jac. Boehms
3. Princ. Cap. 21. v. 17.) mit dem finstern Gestirne, welche die Feuer-Welt in sich gefangen hält,
mit allen Teufeln und verdammten Seelen; und ist
das Scheide-Ziel, welches Gut und Bös abscheidet;

auch

auch die Treue fener, und nichts Unreines in den innern Himmel zu Gott lässet.

12. In dieser Feuerwelt stehet nun der Cherub
mit seinem zweischneidigen Schwerdt, und bewahret
den Eingang zum innern Baum des Lebens, welchen wir entweder in dieser Zeit durchgehen, oder
nach der Zeit überwinden und seine Schärffe erfahren müssen; da dann am Ende unsers Lebens
Moses mit seinem scharffen Gesetze stehet, und der
Teufel das Sündenregister lieset, welches die Erfahrnen bezeugen können, und alle Menschen warnen, daß sie ihre Busse nicht biß auf die Letzte sparen
wollen.

13. Denn keine Schärffe keine menschliche Zunge
aussprechen kann. O selig! welche in dieser Zeit
sich reinigen lassen, und Jesum angezogen haben, an
denen wird der andere Tod keine Macht haben. Wehe
aber denenjenigen, welche solches in dieser Zeit ver-
säumet haben, denn sie werden heulen und Zähnklap-
pen, auch den Tag ihrer Geburt verfluchen, und
wünschen, daß sie nie geboren wären, wie zu sehen
Jer. 20, 14. und Apoc. 6, 16.

14. Aus dieser Feuerwelt, oder eigentlich zwi-
schen diesem Feuer und Tinctur, als der neunten
Gestalt, sind nun die Engel und Adams Seel ge-
schaffen; davon die Schrift spricht, Hebr. 1, 7.
Er machet seine Engel Geister, und seine Diener
Feuerflammen.

15. Die verborgene finstere Welt hält in sich die
drey ersten Gestalten biß zum Feuer, und wird ausser
dem Feuer die Hölle genannt: welches die Grimms!
Macht Gottes ist, darnach der Teufel gestrebet, und sie
ihm selbst zur Hölle gemacht, gleich auch Adam;

16.

16. Sollte nun auch, nachdem sie Christus Blu-
der zugeschlossen, im Feuer verborgen bleiben, wenn
sie der Mensch mit seinen Sünden und Greueln
nicht in dieser Welt öffnete, und sich dadurch ver-
teufelte.

17. Wenn der Mensch nun durch des Cherubs
Schwerdt durchgedrungen, und also Gott und Mensch
überwunden hat, so begegnet ihm die himmlische
Sophia in der neunten Gestalt, und erquicket seine
Seele mit unaussprechlicher Süßigkeit, und kleidet
sie wiederum mit ihrer himmlischen Wesenheit, da
wird sie erst ein Engel Gottes, der im Himmel wohnet, und mit Gott sprechen kann.

18. Denn in diesem neuen Kleide kann sie erst
vor die H. Dreizahl kommen, und im Allerheiligsten Gott mit Gebete, Fürbitten und Rauchopfern
im Geist und Wahrheit dienen, als ein Melchisede-
kischer Priester des Höchsten.

19. Und gelanget nun erst zu ihrem Ziel, darnach sie als eine Braut bißhero verlanget, nemlich
mit ihrem liebsten Bräutigam JEsu in die innere
Brautkammer geführet zu werden: welches in der
Feuerprobe nicht geschehen konnte, da sie durch die
Gestalten des Feuers dringen und ihre Probierjahre
ausstehen müssen.

20. Denn der Vater nimmt seinen Sohn in seine
liebe Sophiam oder JEsum ehelich an, und führet
ihn nicht ins Brautbett, er sey dann rein und in der
Versuchung bestanden. Auch betrauet sich die himmlische Sophia nicht in ihres liebsten Buhlen Armen,
sie sey dann seiner Treue vielfältig versichert, weil sie
von Adam ist betrogen worden.

21. Und ob sie ihren lieben Buhlen wohl unter-
weilen in der finstern Begierde läßet, und ihn mit
Trost und Erquickung besuchet, damit er nicht
mißmüthig werde, noch die Hoffnung fallen lasse;
so hat doch nicht lang Bestand: Er ziehet sich
bald wieder in den inwendigen Menschen, als in ihr
Lichtsprincipium ein. Darum ist Geduld und Demuth nöthig.

22. Der aber weichet, und mit Trotzen, Pochen
und gewaltsamer Eigenheit sie zum Beyschlaf zu erzwingen meinet, der muß wissen, daß Gott keinen
Gefallen an ihm habe, und seine liebe Braut ihn
in einer Eigenheit nicht achten werde: Denn allein
den Demüthigen und Sanftmüthigen Gnade wider-
fähret.

23. Die zehende Zahl ist die Dreyzahl: dafür nun
der seelische Geist stille stehen muß, und sein Heilig,
Heilig, Heilig mit allen himmlischen Herrscharen singen. Wir Menschen können sie ausser der Jungfrauen
Sophia nicht begreiffen.

24. Und müssen ja tief graben, wollen wir sie
in ihrer Offenbarung im innern Jungfräulichen
Bilde schauen, da sie sich selbst ausgebäret nach den
dreyen Principien, und von dem Jungfräulichen
Bilde gleichfalls ausgeboren wird: welches gar ein
verborgenes Geheimnüß, und nur denen bekannt, die
mit der himmlischen Jungfrau Sophia in Verlöbnüß
leben.

25. Kann also der Leser aus dieser Figur leicht
begreiffen, daß Gott ihm viel näher in ihme selbst
sey, als ausser ihm oder dem Gestirne in der hohen
Tieffe. Und liegt es einig und allein daran, daß
wir unsere Seele umwenden, und mit unserer Be-

B   gier-

—gierde einwärts leben, und Gottes in uns begehren, auch davon nicht ablassen, biß die theure Sophia mit dem Heil. Geist unserer Seelenbegierde begegne, und sie von Grad zu Grad sortiere.

16. Denn wir alles auf einmal nicht würden fassen können, weil sich das Rad der Natur immerfort herum drehet, und wir die Tiefe der Gottheit nur in einem dunkelen Spiegel als in einem Räthsel sehen.

17. Davon der erste Blick sehr zart, und ohnmöglich alles gleich begreifen kann, biß der Geist durch lange Uebung in die Tiefe gekommen, und das Mysterium magnum zum Verstand gebracht hat; wie wir aus eigener Erfahrung gelernet, auch drunten im fünften Capitel etwas eröfnet.

18. Denn es ist nicht, gleich als ob jemand etwas anschret, und dessen Bild in sein Gedächtniß fasset, davon er hernach reden kann: Nein, sondern es muß die Seele mit dem Erkanntniß ein Wesen werden, und damit einmal durchs Feuer gehen, ehe es sie wert.

19. Massen das Forschen nicht das Fürnehmste ist; sondern das Empfinden, Schmecken und Fühlen, welches keine Zunge erheben noch aussprechen, und der Liebhaber auch vom Lesen die Tiefe nimmer begreifen kann, er gehe denn selbst ins Wesen ein, und folge denen wandig durchs Feuer nach, die ihm ihre Erfahrung aufs Papier bringen; er wird alsdenn selbst wohl befunden, daß es viel tiefer in seiner Seelen geschmeckt und empfunden habe, als es in Büchern ausgedruckt zu finden ist.

30. Gewißlich, wir hätten außer der Bibel kein Buch in der Welt nöthig, wenn wir unser innerliches Buch den treuen Jüngern nur selbst in uns lesen lerneten: Denn es so voller Wunder ist, daß es menschliche Zunge nicht aussprechen, auch der Unerfahrne nicht wohl glauben kann.

31. Und kennten die erleuchtetsten Schreiber nur daran, dieweil sie oft keine Worte, solche auszusprechen, finden können, und sich mit Gleichnissen, aus der äußern Natur behelfen müssen, damit sie dem Sucher zu tieferem Nachsinnen Anleitung geben mögen.

32. Weil aber der Mensch so ganz irdisch und thierisch worden, und nur nach vergänglichen Schätzen dieser Welt trachtet, auch sein Leben liebet, und das ewige unvergängliche Gut verachtet, so bleibt es ihm billig verriegelt.

33. Denn was sollte einem Schwein das güldene Halsband, und einem Huhn das Perlein? Sie zertreten alles in Koth, und verscharrens mit ihren Füßen, weil sie es nicht kennen.

34. Einem nach Gott und seiner Erkenntniß hungerigen Gemüth aber, das in Demuth wandelt, und in seiner Begierde einfältig forschet, begegnet ohne großes, schweres, ängstliches Suchen von sich selbst. Denn Gott ist Liebe, und liebet das Niedrige, welches sich seiner großen Liebe ganz unwürdig achtet, und oft blöd ist, das Erkenntniß Gottes anzufassen.

35. Den boshaftigen und stolzen Vernünftlern ist Gott feind, und weiset ihnen den Rücken, weil sie sich selbst für weise und gehrt halten, und mit ihrer Vernunftsbrille in Gottes Geheimnißbuche lesen wollen.

36. Wer GOtt um seinen heiligen Geist bitten, und nicht ablassen wird, bis er erhöret, der wird den besten und sichersten Weg finden, und einen Führer bekommen, der ihn in alle Tiefen führen, und alle Schlösser und Thüren aufschliessen wird, wie alle erleuchtete Männer bezeugen, und mit ihrem eigenen Exempel lehren; ausser diesem ist kein rechtes Finden.

37. Darum muß der hungerige Sucher sein Studium nicht nur aufs Lesen und Forschen der Schriften allein legen; sondern auf die Nachfolge ihrer Wege gedenken, und neben ernstem Gebet sich auch auf den Weg selbst machen, das irdische Leben hassen, und das innere in sich suchen, wie ich auch gethan habe; so wird er alsdenn wohl befinden, daß ihre Bestrebungen und Anweisungen aus GOtt sind.

38. Es heisset hier, wie Christus spricht: Wer anhält, der empfähet; wer suchet, der findet; wer anklopfet, dem wird aufgethan. Denn der Schatz liegt tief in der Seelen begraben, und wird von GOttes Zorn bewahret und verschlungen gehalten, der vor allen Dingen muß durch die Liebe JEsu überwunden werden; ehe ist kein finden, denn er hält gewaltig vest, was er in sich verschlungen hat.

39. Darum heisset und lehret uns Christus ringen und kämpfen, durch diese enge Pforte zu kommen: Darzu ein überaus grosser Ernst nöthig ist, wie an Jacob zu sehen, der GOtt bey seinem Wort, du HErr hast zu mir gesagt, zeuch wieder in dein Land, und zu deiner Freundschaft, ich will dir wohlthun rc. vest hielte, und nicht in Zweifel fahren ließ.

40. Also mußt du auch thun, dich in die Liebe JEsu einwickeln, auch deinen Willen nimmer aus seinen Wunden kommen lassen, und die Verheißung vest im Glauben halten, daß GOtt nicht lügen könne; und nicht im Zweifel von deinem Herzen fahren lassen.

41. Denn der Zorn GOttes dringet dir mit seinem scharfen Pein in Leib und Seel, und suchet bis auf den Grund, ob du vest in JEsum eingewurzelt liebest; und wo er dann findet, daß er das Wort JEsum in deinem Herzen nicht übermag, so ergibt er sich endlich, und läßet seine Schärfe sinken.

42. Denn die Morgenröthe in der Liebe JEsu in deinem Herzen bricht an, und verwandelt den Zorn in die große Erbarmung. Ich wünsche dir, lieber Leser, daß du den Schmack davon in deiner Seelen mögest empfinden und genießen, welchen ich mit Worten auszudeuten nicht vermag.

43. Je tiefer nun die Seele in sich hineingraben, je näher kommet sie GOtt, bis sie endlich vor der Heil. Dreyzahl still stehen muß, alsdenn gelanget sie erst zu einem tiefen Erkenntniß.

44. Denn der Geist GOttes gehet hernach mit der Seelen bis in die äußerste Natur heraus, und zeiget ihr hinter sich und vor sich die Geburt des Einen, als der Majestät in die Dreyheit, durch die sieben Gestalten der Natur, da die Seele unaussprechlich mehr Freude an solcher Erkenntniß hat, als an aller Welt Schätzen.

45. Denn was kann einem Gemüth lieber seyn als GOtt die ewige Liebe? dessen süsser Liebesgeschmack alle menschliche Vernunft überteifft; und wenn schon der berechteste Redner und Poet seine

Kunst

Kürtz zusammen nähme, so vermöchte es doch solchen
nicht auszudrucken.

46. Und wird sich manche Seele am Tage der
Offenbarung selbst verfluchen, daß ihr solche theure
Gnade so nahe beygeworfen und ihr bis ans Ende sich
nachgegangen, von ihr aber nicht wahrgenommen
worden ist.

47. Weil nun in dieser vorgestellten Figur das
Feuer in die achte Gestalt gesetzet ist, welches eigentlich in den Gestalten zur ewigen Natur die vierte ist,
so wird dem ungeübten Gemüth eine Decke vor seinen
Augen stehen.

48. Welchem aber zur Nachricht dienet, daß in
dieser Figur der Anfang von der äussern Natur gemachet wird, wie sich das menschliche Leben von aussen
hinein windet und wachset, welches dreyfach ist.

49. Als das äussere irdische; denn das astra-
lische Feuerleben, welche beyde zusammen gehören,
und der Urstand sind des äussern Naturlebens; und
das innere Feuerleben mit seyner Qual der Finsterniß ist der Urstand des innern Geist- oder Licht-
lebens.

50. Wenn aber von den Gestalten der ewigen Natur geredet wird, so werden die drey ersten Gestalten bis zum Feuer für das erste Principium genommen, als die Gestalten zur Natur, und das Feuer
als ein Principium und Urstand des Lebens, weil kein
Leben ohne Feuer seyn kann.

51. Wird auch verstanden vom Spiritu Mundi,
der den Kindern Israel auf dem Berge Sinai durch
Mosen Gesetze gegeben, und des Vaters Natur ist, der
in dieser feurigen Gestalt sich einen zornigen eifrigen
Gott und ein verzehrendes Feuer nennet.

52. Wiewohl GOtt allein GOtt in dem Liebe-Feuer oder Licht erkannt und genannt wird, als in der sanften Gestalt der ewigen Natur.

53. Zweitens wird dem unerleuchteten Gemüth noch ein Stern im Weg liegen, indem gemeldet wird, daß im inwendigen neugebornen Menschen, der Lichtwelt oder Liebeprincipium das mittelste sey, da in vorgedachter Figur dieses Capitels die Feuerwelt das mittelste und Schrecktheil zwischen der äusseren gebohrten und innern ewigen Natur sey.

54. Der soll berichtet seyn, daß eben dieselbe Ordnung der ewigen Natur im innern Menschen sey, als in dieser Figur, und nur anzumerken ist, daß vom ersten Principio, als der Feuerwurtzel, vom Innern heraus, oder zum Anfang der Anfang zu machen sey, wie es auch das erste Principium ist; so stehet es in seiner Ordnung recht über einander, wie ein Gewächse, als in der Figur zu sehen.

55. Und wird dieses nur für die Einfältigen eröffnet, die schwach von Begriff sind, und leicht im Suchen müde werden, denkende, daß alles nur ein Sagen voller Confusion sey.

56. Wenn nun der Mensch seine Feuerseele vom Licht GOttes abbricht, und sich ins äussere Gestirne als ein eigenes Leben einsetzet, so ist sie der feuerrothe Drache mit sieben Häuptern; darauf die Hure des äussern Vernunftgeistes reytet, und wider den Höchsten im Lichtsgrunde streitet, wie im folgenden zweiten Capitel angewiesen wird.

57. Wo die Feuerseele aber in Demuth bleibet, und von der Liebe Christi zu ihrem Begnen entzündet, so ist sie ein Engel GOttes, darinnen GOttes Sta-

sehet und grosse Erdbrunde offenbar wird, und der
Erzöld Mann und Bräutigam, wie im dritten
Capitel angeführet wird, welcher mit dem feurigen
Drachen der Eigenheit kämpfen, ringen und Schulrecht thun muß, vermöge des vierten Capitels, auch
mit dem Schwerde des Geistes, besage des fünften
Capitels, allezet gewaobnet stehen, und als ein Priester GOttes im Allerheiligsten heilig, mächtig und ab-
gescheiden leben.

Das zweyte Capitel.

Vorbericht.

§.

In dieser nebenstehenden Figur, welche die Erste
unsers einfroten und erleuchteten Autors ist,
wird den lieben Lesern angewiesen, was der Fall Adams
ist; wie er sich vom Ganzen, als von GOtt und dem
Ich abgebrochen.

2. Da er ein eigen Rad geworden, welches nunmehro aus ganz fremder und falscher Essenz, welche
Lügen besitzt (die der Satan, die alte Schlange,
den ersten Eltern in ihre Seele eingeschoben, und
davon unser liebster Heiland, welcher uns Wahrheit
und Leben ist, den Satan einen Vater der Lügen
nennet, Joh. 8, 44.) in sich selber drehet, in Gut
und Böse, und nur bis in die äussere Sonne reichet.

3.

Der gantz Irdische Natürliche
finstere Mensch
in Sternen und Elementen

Elementen   Region.
des Feüers   △ im Hertzen.
des Wassers   ▽ in der Leber.
der Erden   ▽ in der Lunge
der Lüft.   △ in der Blase.

3. Da die Seele inwendig todt, und die Hölle selber ist, die das ewige Verderben wirket, und darein laufet:

4. Wofern der Mensch in dieser Zeit nicht umkehret, und mit dem Gemüth sich wieder zu GOtt wendet.

5. Welches Buße thun heisset, deren Wirkung im Gemüth ist, in dem Gebeten aus dem höllischen Abgrund mit Macht ausdringen, und dem Himmelreich Gewalt anthun, und es im Glauben zu sich reissen.

6. In diesem wird die Wiedergeburt verstanden, da der Glaubensfunk im Seelengrunde angeschlagen wird, und das Gemüth in der Angstgeburt im Feuer kommt, in welchem heiligen Brennen die Zuversicht und das Vertrauen zu GOtt aufgehet, und JEsus eine Gestalt im Herzen bekommt.

7. Womit der Glaube in JEsu Kraft durch alle Macht des Satans durchbricht, und alle Ketten und Bande des Zorns und der Finsterniß, womit die Seele in allen Gestalten der Natur angefessellt gewesen, nach gerade zerreisset und zerbricht, und des Satans Joch von sich wirft.

8. Welches durch Sterben geschiehet, zu welchem Ende JEsus uns in seinen Tod einpflanzet, zu gleichem Tode mit Ihme, da wir mit unserer Seelen, wann sie sich in den Gebeten aus allen Kräften vor GOtt ausstrecken, selber ein Creuzgebaum werden.

9. Und was das Absterben dieses Todes in seiner Seelen erreichet, das stehet mit einem neuen Leben in Christo auf, in welchem aufgehet Gerechtigkeit, Friede und Freude im heiligen Geiste, und aus Zorn Liebe wird, wie in der nachfolgenden Figur abgebildet wird.

Vom natürlichen Menschen.

1.

Wenn der menschliebende heske Gott in seinen Wundern forschen, und in seiner verborgenen Dreyheit in sich schauen will, so muß er vor allen Dingen in sich selbst ginleben, sich selbst in seiner in sich lebenden dreyfachen Geburt und Leben gründlich erkennen lernen; dieweil er in sich selbst Gottes ewiges Bildniß und Gleichniß ist, nach der Finstern- Feuer- und Lichtwelt.

2. Und wie diese drey nur eine Welt, aber in ihren Essentien und Würkungen unterschieden sind; also auch das dreyfache Leben im Menschen, und kann keines das andere begreifen: Ein jedes stehet in seinem eigenen Willen und Feuer oder Geist.

3. Auch hat eines jeden Feuer sein eigen Centrum, und begehret seine eigene ihme angenehme Speise; des andern aber nimmets in sich nicht ein, maßen solches an der Menschen unterschiedlichen Lebensarten und Trieben zu ersehen ist.

4. Das äußere Leben, so aus denen ewigen oder innern Welten als eine Gleichniß ausgeboren, hat sein Centrum im äußern Herzen, stehet im Fleisch und Blut, und ist mit allen Thieren gemein, sich nur zu nähren und zu vermehren suchende.

5. Seine Speise ist das Gestirn, mit deßen Elementen und der Luft, welche das Feuer im Herzen anfbläset; es hat in seinem Rad die sieben Gestalten der äußeren Natur, als die Planeten, welche ihm Witz und Vernunft geben, ihn regieren und treiben; es hat aber zeitlichen Anfang und Ende und muß zerbrechen, doch auf die Tinctur oder Essenz, der im Feuer des Herzens der Thiere aber nicht

6. Das andere ist das Seelische Leben, aus dem innern ewigen Feuer, welches sein Centrum zwar auch im Herzen hat, aber tiefer hinein; und ist in folgender Figur unterm Herzen mit einem finstern Globo oder Welt angewiesen. Es ist der feurige Drache oder Weltgeist, und ist mit dem ersten Leben so nahe verbunden als Mann und Weib, stehende mit seiner Wurzel auf dem Abgrund.

7. Es hat auch sieben Gestalten zu seinem Gebären, welche aber nur Angst, Hoffart und Aufsteigen ausgebären, wie an den Teufeln und unwiedergebornen Menschen zu sehen: Und sind die sieben Siegel, welche der Teufel vor die Seele geschoben, damit sie sich im Göttlichen Feuer nicht erblicken, und in der Liebe wiederum anzünden solle, Apoc. 5.

8. Seine Speise ist theils aus den Essentien des äussern Leibes, theils aus dem feurigen Gestirne und Elementen des Teufels, nemlich Hoffart, Geiz, Neid, Zorn, Falschheit, auch alle Greuel und Sünden: sein Geist und Weben ist GOttes Zorngeist, der den Menschen treibet und regieret.

9. Sein Sehen im irdischen Leibe ist das Sonnenlicht, dessen sich bedienet; in sich aber ausser dem Leibe sehen auf teuflische Art, wie im Gleichniß Katzen, Ratzen, Mäuse, Pferde und andere Thiere des Nachts.

10. In diesem zweyen Leben ist der Mensch unter der äussern menschlichen Gestalt nur ein Thierteufel: und hat im Aeussern etwan eines zahmen oder wilden Thiers Eigenschaft, und nach der Seelen einen scheuslichen Wurm.

11.

11. Denn aller eigener Wille ist ein rechter Teufel; und wann das äussere Leben abbricht, so stehet die Seele in ihrem gehabten Willen im finstern Abgrund bey den Teufeln.

12. Das dritte Leben ist das heilige Lichtleben; in diesem Naturmenschen oder verborgen, unwissend und unempfindlich: Sein Feuer ist GOttes Liebe-feuer, darunter sein Wille in den Wiedergebornen verner...

13. Dieses verschadet auch im Herzen aus dem Feuer; ist aber einen Grad tieffer als das Feuer, und im Menschen das mittelste, wie im folgenden Capitel zu sehen.

14. Seine Essenz ist himmlische Wesenheit, Christi Fleisch und Blut, und seine Krafteichenten im neuen Leib, nemlich demüthige Liebe, Sanftmuth, Gerechtigkeit, Wahrheit rc. Sein Rad der Geburt sind auch die sieben Gestalten geistlich, aber im Sanken und Demuth.

15. Sein Wehen, Treiben und Bewegen ist der heilige Geist, und gebieret auf sich himmlische Freude; denn es giebt dem Seelenfeuer sein sanftes Wasser des ewigen Lebens zu seiner Erküßlung, und machet aus Angst Freude.

16. Dem äussern sinnlichen Leben giebt es keine Liucturstralen; wehret den gifftigen bösen Einfässen des Gestirns und des Teufels, von oben und unten.

17. Diese zwey Feuer (des Zorns nemlich und der Liebe) sind ewig, und aus dem Ewigen in Adam angehauchet, welche anfänglich im Leybe in einer Temperatur und Gewicht gestanden.

18. Weil aber der Zorn auch offenbar seyn, und das Oberregiment in Adam führen wollen, sind sie
durch

durch Adams Einlassung in Streit getrennet worden; das war sein Igel und Scheidung der Wasser-
oder Licht-Mutter in eine Räumin, und des parade-
sischen Leibes Verderbung: an dessen Platz ihme der
irdische Leib mit allen morschen Gliedern im Schlaf
angezogen worden, darinnen Kranckheiten und der Tod
stehet.

19. Daraus nun anzumercken, daß Adam im
Streit dieses dreyfachen Lebens in ihme allen dreyen
Monarchen gewohnet, und ein jedes in seiner Eigenschaft zu schmecken und zu empfinden begehret; da
der GOtt ihm sein Leben geheilet, wie Christus,
Luc. 15, 11. 30. vermöge des Grundtextes, herrlich anweiset.

20. Nun spricht die Schrift, daß alle Menschen
aus sündlichem Saamen erzeuget, und wir alle gleichen Eingang in diese Welt mit allen Thieren haben,
und auch gleichen Ausgang; jedoch mit dem Unterscheid, daß der Menschen Seele allein aus dem Ewigen, der Thiere aber nicht.

21. Derowegen sind wir ewige, diese aber vergängliche Creaturen, deren Schatten allein bleibet:
Wir aber sollen nach Vollendung der Zeit aufstehen,
entweder zum ewigen Gericht und Verdammniß, oder
zur ewigen Freude und Herrlichkeit.

22. Weil wir nun wissen, daß GOtt gerecht
und wahrhaftig ist, der nicht lügen kann, so sollen wir
billig die Augen erst aufthun, und nicht nach dem
Fleische, wie die Thiere, leben; sintemal davon nur
unser Verderben kommet.

23. Nun eröffnet uns die Schrift zweyerley
Feuer, ein göttliches, welches vom Himmel angezündet wird, und ein fremdes Feuer, welches die ir-
disch-

bische Natur in den untern Elementen durch des Menschen Kunst und Hand anzündet.

24. Jetzt mußten die Priester der Geschichten
und äussern Tempels mit Holz unterhalten; dieses
aber wolte GOtt nicht annehmen, sondern verderbte
die Räucherey in seinem Zorn, wie Num. 16. zu lesen.

25. Welches gar ein schönes Fürbild auf die
zwey geistliche Feuer in uns ist, nemlich auf das
Liebe- und Zornfeuer: Jenes ist das übernatürliche
Feuer GOttes, welches vom Innern Himmel heraus kommt; dieses ist das Naturfeuer der creatürlichen Eigenheit in Selb und Ichel, von der bösen Lust
erwecket.

26. Und wiewohl beyde eigentlich nur ein Feuer,
und allein in der Qvaal unterschieden sind, wie am
natürlichen Feuer und Licht zu ersehen, auch beyde
von GOtt in Adam eingeblasen sind worden: so haben
sie sich doch durch Adams irdische Begierde und falsche
Sucht aus einander begeben, und von der göttlichen
Harmonie getrennet.

27. Und ringen nun im Menschen auch schon im
Saamen mit einander ums Oberregiment; und welches die Oberhand krieget, führet das Oberregiment
im Bilden und Formen der Creatur im Mutterleib
wie an Cain und Habel, auch an Esau und Jacob
erhellet.

28. Dargus nun zweyerley Menschen entspries-
sen, gut und bös, und nicht aus einer göttlichen
Versehung, wie die Vernunst vorgibet. Erste-
mal die heilige Schrift uns klärlich anweiset, daß
GOtt nur Einen geschaffen, wiewol Er des Geistes
viel hatte, und einen göttlichen Saamen gesucht
habe. Mal. 2, 15. Gen. 2.

29. Auch als Adam und Eva hernach am Baum, der Erkenntnuß Gutes und Böses sich vergriffen, und sich nach Leib und Seele ganz viehisch und teuflisch gemacht haben, hat sich das ewige Wort zu einem Wiederschöpfer und Wiedergebärer in Eva Matrix einverleibet, und sich zu einem Gegensatz des Teufels und Lebensflucht wieder eingekehret.

30. Aus welchem Gegensatz Feindschaft entstanden, und Streit im Saamen erwachsen, Gen. 3. daß nun aus einem Vater und Mutter Kinder von vielerhand Naturen und Eigenschaften, Affecten und Reitzungen entsprungen.

31. Solches nun dem Leser etwas weitläuftiger zu eröffnen, will ich ihm erst die Figuren darstellen, und den Unterscheid des verdoppelten Menschen zeigen.

32. In dieser ersten Figur ist der Thierische Leib abgebildet; (denn der erste Paradeisleib unbekannt und verdorben.) Die Zeichen deuten an die vielerhand irdische Säfte und Gestalten der Elementen, welche in unserem Leib sind offenbar worden.

33. Unter welchen die Galle und Milz die Concoction im Magen verursachen, da durch des einen oder andern Gastes Ueberfluß oder Mangel der Krautäus verdorben wird, und allerhand Krankheiten und Gebrechen im Leibe erwachsen.

34. Und sehen wir unser grosses Elend, in welchem Stank das Leben gefangen liegt, und mit dem Tod umfangen ist; wissen auch nicht, welchen Augenblick sich ein oder ander Element im Leibe erheben, und das Leben ersticken oder ersäufen, oder die Wurzelfeuchtigkeit austrocknen wird.

35. Dennoch prangen wir mit diesem Thier so sehr, schmücken es mit Thierfellen und Haaren, ge-

reich mit Edelgesteinen, Perlen, Gold und Silber,
mästen uns allerley lieblichen Speisen, und verlieren oft, um solches zu erlangen, unsere arme
Seele.

36. Und wenn wir damit aufs höchste gekommen, und solches irdische Paradies erreichet haben,
so kommt der Tod, giebt den Leib der Erden und den
Würmern zur Speise, und die Seele dem höllischen
finstern Feuer: welches manchen unverwartet und zu
frühe kommet, auch ohne grosse Aengsten nicht zugehet,
wie ich bey Sterbenden angemerket habe.

37. Dieses irdischen Menschen Lebensgeist ist die
Lust, samt den sieben Gestalten, irdisch und sodergisch;
sein Segen ist das Sonnenlichte; sein Centrum die
ewige Finsterniß; und wo er sich nicht zur Wiedergeburt umkehret, fänget ihn die Finsterniß.

38. Weil nun der grosse gestirnte Weltgeist mit
den Elementen dem Menschen Speiß und Trank versorgen, und ihn groß ziehen muß, so will er mit ganzer
Macht das Oberregiment in ihme haben.

39. Wiewohl GOtt der Seele zum Regenten
in den Leib eingesetzet, und ihr seine himmlische Jungfrau der Weisheit im Lebenslicht zur Gehülfin gegeben, daß die Seele mit der göttlichen Weisheit
durch den äusseren Geist, als ihr Instrument,
GOttes Wunder in dieser Welt auswirken und offenbaren sollte: Denn die Wunder GOttes liegen in der
Feuerseele.

40. So hat sich aber die Feuerseele von ihrer
lieben Gehülfin abgetrennet, ein eigner Regent seyn,
und in dieser Welt wirken und schaffen wollen, was
sie wollte: Denn sie meynte, die Kräfte und Stärke mit
den Wundern lägen in ihr.

41. Und das ist nun eigentlich Adams Fall; Er wollte nicht mehr mit der himmlischen Jungfrauen sich vermehren, und in ihrem Gehorsam gehen, sondern, wie alle Thiere, ein Weiblein haben, und die irdischen Frucht und Lust im Leibe genießen.

42. So ließ ihn GOtt in Schlaf fallen, machte die Jrdische Matrix mit der Lichts- oder Wasser- tinctur zu ein Weib, und formirte ihm durch Geist zum Munde seinen groben Fleischleib mit thierischen Gliedern, wie wir noch heute sind, und in dieser Figur abgebildet stehet.

43. Also hat der finstere Weltgeist in Adam und Eva das Oberregiment erhalten, über die Feuer- seele, und sie endlich durch der Schlangen Lügenspre- chen und ihre irdische Lust zum Essen vom verbotenen Baum gebracht.

44. Also sind wir Kinder dieser Welt worden, und liegen unterm Joche des Weltgeistes gefangen, der uns nun als seine Kinder mit einem mächtigen Hunger gefangen führet, und wie Pharao die Kin- der Israel zu seinem Frohndienst unbarmherzig trei- bet, daß wir nach Ehre, Geld, Pracht, Wollust und irdischer Weisheit jagen, als ob wir ewig in dieser Welt zu leben hätten.

45. Dazu hilft der Segen unersättlicher Geiz- hunger aus dem finstern Abgrund, darauf diese Welt gegründet, und treibet die Seele zur viehischen Un- zucht, Morden, Stehlen und aller Bosheit, welche Früchte im Saamen mit gefasset werden, wie an der ersten Ausgeburt Cain zu ersehen.

46. Also hat der Menschenfeind sein Unkraut unter den guten Saamen geseet, welcher nun fort- wächset bis zur Erndtezeit, da GOtt den guten Saa-

men in seine Scheuer sammeln, das Unkraut aber in
Bündlein binden und ins Feuer werffen wird.

47. Das Feuer ist sehr gut, und kann nicht ent-
behret werden: Denn es giebt dem Menschen Wärme,
auch Licht, daß er im Finsteren sehen kann, und ist
ihme zum Kochen und allerley Verlangen nützlich und
höchstnöthig.

48. Also ist auch GOttes Feuer, wenns in der
Liebe brennet, nützlich und gut, und kann nicht ent-
behret werden: Denn es giebt dem Menschen Licht
in der Finsterniß zu sehen; es hilft GOttes Wunder aus Licht bringen; es giebt dem Lichte Kraft und
Stärke, und bringet die Wunder aus der Finsterniß zum Wesen, welches dem Lichte allein ohnmöglich
wäre. Es erwecket Freude, Frohlocken und Jauchzen im Himmel; als auch in der Finsterniß peinliche
Qual.

49. Wenn aber das Feuer um sich fressen, alles
verdammliche verschlingen und vernichten will, so ist
böse; und wo es nicht gelöschet wird, brennet es, so
lange es brennliche Materie findet, endlich erlischet,
und wird eine finstere Kohle, Asche und Staub.
Darum hat GOtt auch das Wasser geschaffen, welches dem Feuer wehren kann.

50. Also GOttes Zornfeuer, wann es aus seiner Ordnung schreiten, von der Liebe sich abbrechen,
ein eigenes Feuer seyn, und alles Gute verschlingen
will, ist böse; und so es nicht gelöschet wird, verschlinget alle lichte Feuchtigkeit, daß das Licht erlischet, und das Feuer ein finster Stock wird, wie
der Leser in der zweyten Figur vor Augen siehet.

51. Die Zeichen der Planeten bedeuten das Rad
der äusseren Natur, als den sidrischen Leib, wel-
                                                    ches

des sich hinein wendet biß in die Sonne. Und die Sonne ist eine Schlange; bedeutet den Teufel im Spiritu mundi, welcher sich in unsere irdische Lebens-gestalt einsiehet, biß in die Sonne.

52. Item die Sonne ist ein Circkel oder Globus, bedeutet die Lichtwelt, welche aber verschlungen oder verborgen stehet.

53. Und der finstere Globus oder Kugel unten drinnen weiset an die Feuerseele oder GOttes Zorn.

54. Wenn nun dieser finstere Globus oder Feuer-welt mit dem Göttlichen Liebefeuer angezündet würde, daß es hell brennete, und ein helles Licht im Innersten des Herzens aufgehöre, so würde die alte Schlange der Satan ausgeworfen in die Fin-sterniß.

55. Und du würdest ein Englischer Wiedergebor-ner Mensch und Kind des Lichts, der wider Fleisch und Blut, Teufel und Welt streiten, den eigenen Willen mit seinen Würcken und Geschäften ertödten, und tödten, und Christo in der Wiedergeburt nachfol-gen würde.

56. Aber nun bist du in solcher Gestalt nur ein Widerecht und Feind des Lichts, und hassest das Licht, weil deine Wercke böse sind. Dein eigener, creatürlicher Zornwille, nicht GOtt, machet dich bö-se und verdammlich; der Wille kann auch nicht mehr mit GOtt ein Geist seyn, und in seinen Geboten und Fußstapfen wandeln und leben, dem Geist GOttes nicht gehorsamen, und der himmlischen Sophiä Bräu-tigam nicht seyn.

57. Sondern ein eigenwilliger zahmer Thier-mensch, der nur nach seinem eigenen Gutdüncken, und des äußeren Fleischlebens Gemächlichkeit, ohne

C 3   Creu

Creutz und Widerwärtigkeit sanft leben, Christum nicht anlieben, noch nach himmlischer Weisheit hungern und dürsten, oder nach Kräften, Vermögen, Hülfe und Beystand unablässig ringen will.

58. Ja, spruch der creatürliche eigene Wille: Ich kann ohne Christus nichts thun, nur auch selbst aus eigenem Vermögen nichts geben oder nehmen, auch GOtt nichts geben, das Er mir vergelten mö. ge; will Er mich in den Streit wider mich führen, so muß Er mich mit seinem Geist des Gebets waff. nen, auch Seele und Vermögen darzugeben, daß ich beten könne: Denn der die Hand an den Pflug leget, und wieder umkehret, ist zum Reich GOttes untüchtig; ich will lieber in meiner Einfalt bleiben, als nach hohen Dingen trachten, so bleib ich friedlich und still; denn ich nicht zur frühsten Stunde geruffen, GOtt kann mich um die eilfte Stunde ruffen; der sich selbst ein Creutz aufladet, muß es hernach auch tragen; will mir GOtt etwas auftragen, er weiß mich wohl zu finden.

59. Antwort: Es ist alles wahr, lieber Mensch, deine Meynung ist sehr gut; aber du verträufelst dich nur mehr, bedeckest dein Gewissen mit Feigenblättern, und denkest, GOtt sehe deine Eigenheit in solcher Finsterniß nicht. Wenn du es nicht besser wüßtest, und dir GOttes Wille nicht offenbaret wäre, so möch. test du wider GOttes scharfes Zornfeuer dich beschir. men können.

60. Du weißt aber wohl, daß GOtt der Vater nicht dem Säuhirten, sondern seinem umgewandten Willen, der in seinem Herzen eine Begierde fasset, und mit Ernst in Demuth zu GOtt gehen will, entgegen lauft, ob er schon noch ferne ist, ihn umhälset, küsset und kleidet.

61. Dein eigner Wille lebte wohl, wann er nur eine Begierde zu GOtt fassen möchte, daß GOtt ihm alsofort zu Hülfe eilen, und ihn mit seiner Kraft lösen, und waffnen würde; aber er hat sich allzu lieb, und fürchtet, es koste ihm sein stilles sanftes Leben im Fleisch und Blut.

62. Und so er würde wollen aus des Teufels Schnkall ausdringen, daß er sein eigen Naturrecht vollziehen, sterben, und einen heftigen Gegenstand an dem Teufel finden solle, der ihn nicht allein von innen aus der finstern Feuerwurzel mit Zweifel, Angst, Unglaube, Ungeduld und Zorn beklemmen.

63. Sondern auch äusserlich durch seine wilde Schweine überfallen, verschen, geisseln, schmähen, lästern, hassen, verachten, und für einen unsinnigen Narren halten; ja als einen von GOtt und Menschen verlassenen aus Ekzug nagen, und schreyen lassen würde: Mein GOtt! Mein GOtt! wie hast du mich verlassen! Wo sollte denn hieraus das himmlische Brod und Nothdurft berechnen?

64. Mit solchen Fürstellungen hält der Teufel die meisten Menschen auf, daß, ob GOtt sie schon täglich, ja stündlich innerlich zu seiner Mahlzeit nöthiget, sich der eine mit seinem Ochsen, der andere mit seinem Acker, der dritte mit seinem irdischen Weib entschuldiget, und der vierte erst Nothdurft auf viele Jahre versammeln, und hernach fromm werden will.

65. GOtt aber nimmt solchen elenden Willen nicht an; er ist nur ein widerstrebender finsterer Teufel im Menschen, der in die Hölle, und nicht in den Himmel gehöret.

66. Will der Mensch nun, weil er noch im
C 3 Fleisch

Fleisch und Blut stecket, nicht durchs Angstfeuer
GOttes Zorns bringen, und ihm seine Eigenheit lassen abdrehen, so muß er es doch nach Ablegung der
irrdischen Hütten thun, da es so sanft nicht wird zuge-
hen. Wer Ohren hat zu hören, der höre!

67. GOtt hat dem Menschen zwar den freyen
Willen, mit dem sieben Gestalten, zur Ausgebährung
der ewigen Dreyheit und göttlichen Weißheit eingeblasen, und ihm die Vernunft oder Verstand mit den
fünf Räthen oder Sinnen zum äussern Geschäfften verordnet, welches das Gemüth genennet wird, damit
der freye Wille in alle Geschöpfe herrschen und die
Wunder GOttes offenbaren sollte.

68. Aber nur zu dem Ende, daß er sich einergeben, und dem Macher unterthan und gehorsam seyn,
und in Demuth dem göttlichen Lichtsgrund gelassen sehen sollte, was der mit und durch ihn wirken
und offenbaren wollte; er sollte vom Verbo Domini, als von Christi Fleisch und Blut des innge-
bigen Menschen, im Glauben essen, nicht von der
irrdischen Frucht, als vom äussern Fleischleib aus dem
Madensack.

69. So hat dieser freye Wille GOttes sich in
ihr vom inneren Lichtsgrund abgebrochen, sich zum
eigenen GOtt gemacht, und herrschet nun mit seinen Gestalten der äussern Natur über Verstand
und Sinnen, reitet auf der Seelen, widerstrebet
und widerspricht GOtt im innewendigen Grund,
thut was er will und dem Fleisch angenehm ist, und
ist ein purer Teufel, feuriger Drache und Schlange,
welchen GOtt nun mit seiner starken Zornmacht
muß befriegen, dämpfen und beugen, zermalmen und
auswerffen.

70. Ob nun GOtt schon durch seinen heil. Geist, der armen gefangenen Seele innerlich will zu Hülfe kommen, und sein göttlich Liebesfeuer in ihr aufschlagen, daß sie zu einem hellen Glanz und Schein möchte kommen, damit der eigene Will seine abscheuliche Drachengestalt erblicken könnte;

71. So führet dieser eigene Wille durch seine falsche Begierde des Fleisches nach Wollust, Unzucht, Ehre, Reichthum, Wohlleben und natürlicher Freude, so viel Räuße ins Seelenfeuer ein, daß es erstickt wird, und zu keinem Brennen in GOttes Liebe kommen kann.

72. Ruffet GOtt ihn schon durch seine wiedergeborne Kinder und Lehrjünger zur Busse und Umkehrung, und kündiget ihm die Gegenwart des HErrn an, so entschuldiget sich der eigene Wille, es wäre seine Gabe nicht, er hätte eine andere Gabe empfangen, darinnen er GOttes Wunder wirken müsse;

73. Alle Glieder am Leib wären nicht ein Glied, die einerley Wirkung hätten, sondern viel, deren jedes sein eigenes Geschäfte am Leibe verrichtet; es wären in einem Hause allerhand Hörner und Werken, da eines zu dieser, das ander zu einer andern Last dienlich wäre.

74. Verstecket sich also in sich selbst, und schließet der göttlichen Stimme die Thür des Gemüths zu, damit er in seiner fleischlichen Ruhe und Regiment nicht gehöret werde.

75. Wer will nun diesen schönen eigenen Gott strafen und überzeugen? Denn er stecket in einem zahmen Thier, unter einer menschlichen Larve; ist äusserlich fromm, ehrbar und gottesfürchtig, gehet

C 4

in die Kirchen und zum Abendmahl, steuret zur Nothdurft der Lehrer und Armen, rühmet sich Christi Taufe, und zur Seligkeit versehen zu seyn, oder hoffet aus Gnaden selig zu werden.

76. Er weiß so wohl als seine Lehrer aus der Schrift zu sprechen; ja er kommet wohl so weit, daß er die äusserliche Kirche verläßet, deren Verfall verurtheilet, und mit rechtschaffenen ernsten Schülern Christi Kundschaft machet, deren verborgen Leben und Sprache nachforschet, sich äusserlich be-schneidet, und von seinem Weibe enthält, oder sich nicht verehlichet, auch von Sophia keuschem Ehe-bette und Vermählung mit der gläubigen Seele spricht.

77. Ist aber nur ein aus dem Abgrund der Finsterniß aufsteigendes Thier, welches wie das Lamm spricht, und doch nur ein Affe göttlicher Weisheit ist, der GOttes, seiner Kinder, und alles rechtschaffenen Wesens spottet.

78. Er nimmet das Zeichen JEsu an seine Stirn, und ist nur ein Heuchler, und sprechender Mund, kein wahrer Thatchrist, der einen demüthigen ge-lassenen Willen in der That führet, sich in Christi Proceß einkümmert, und die Armuth Christi, welche der wahren Christen einigstes Kennzeichen und Brässlein ist, herzlich, ja mehr als alle Schätze Egypti liebet.

79. Ich schäme zwar wohl des Teufels Gegenstand in meiner creatürlichen Eigenheit, dieweil er im Menschen gerne verborgen und nicht aufgedecket seyn will; aber ich lasse den walten, der aufschließet, und niemand zuschliessen kann.

80. Denn der eigene Wille liebt sich selbst so sehr

sehe, und macht den Menschen so stockblind, daß er
auch nicht mehr GOttes Liebe kennet, noch von der
eigenen Liebe unterscheiden kann; und meinet, wenn
man seinen eigenen Willen nur mit einem Wort anta-
stet, daß man GOtt in seinen Augapfel greiffe, und
sollte gerne, wenn er nur könnte, Feuer vom Himmel herab bringen, diesen seinen Feind zu verschlingen.

81. Aber dein eigener Wille ist nicht der Prophet,
GOttes Elias, der dem Geist GOttes unterthan war;
sondern nur ein eigener Wille des Teufels, der sich in
dein Lebenslicht, als in GOttes Tempel, eingesetzet,
und über alles, was GOttes ist, herrschet, meinende,
daß er GOtt sey.

82. Die blinde Vernunft will dem eigenen Willen das Wort reden, und spricht: Wenn alle Menschen in Christi Fußstapfen treten, und Ihme gleichförmig nachfolgen sollten, daß die Welt nicht bestehen
könnte, weil alle Nahrung still stehen würde.

83. Aber höre, liebe Vernunft: Es giengen sechs-
mal hundert tausend Mann, ohne Weib und Kinder
gerechnet, aus Egypten: dennoch blieb die Nahrung
nicht still stehen: Die ersten Christen verkauften ihre
Aecker, gaben alles gemein, und Jerusalem bestun-
de doch.

84. Dem eigenen Willen wird gesaget, daß er besitzen als nicht besitzen sollte; und wo GOtt ihme
Reichthum zuwirft, ihm nicht in seine Lden ver-
schliessen und sagen solle, dieses ist mein und meiner
Kinder Gut, ich will damit leben und thun, wie ich
will und verstehe, und meinen Kindern solchen Reichthum nachlassen.

85. Sondern er soll sagen: HErr, es ist dein †
E 5   und

und deiner armen Kinder Gut, dir opfere ichs wieder
auf; und soll den armen Gliedern Christi die Brod-
samlein unter seinem Tische gönnen, und gegen sie
seine Bächlein außfliessen lassen: So könne der Arme
in seinem geistlichen Gottesdienst und Gebeten ungehindert und ernstlich anhalten, und doch seinen milden
Geber wieder segnen.

86. Und ist Christi und seiner Kinder Lehre und
Leben keinesweges Ursache, daß die Reichen verarmen,
die Handwerker und Nahrung still stehen, und der
Welt zu Grund gehet; sondern du blinder Vernunftlehrer bist die einzigste Ursach und Verderb selbst, indem
du den klaren Buchstaben der Lehre Christi, zu Stärkung des sonst an sich selbst allzuviel annehmlichen eigenen Willens, verdrehest;

87. Und lehrest, man könne wohl zweyen Herren dienen, Sorgen und Schätze versammlen, darnach die Diebe graben, auch Mahlzeiten machen und
die Reichen nöthigen; man solle dem Armen nichts
geben, damit er in seinem Müßiggang und Phantasie
nicht gestärket werde; und stopfest die gegrabene Brun-
nen Abrahams zu.

88. Wodurch der eigene Wille in seiner Eigenheit
gekräftiget, alle Zeitigkeit der Erden an sich ziehet, und
die Seinigen mästet, den Armen verachtet, und als
einen Müßiggänger anspeyet.

89. Welches die armen Glieder Christi in ihrem
Lauf und Gereiz wider Gottes Zorn hindert, daß sie
zu Gott um Hülfe und Rettung schreyen müssen.

90. Dadurch Gottes Gerechtigkeit oft gereizet
wird, die dir einen Feind erwecket, und deinen ver-
meinten Seegen in Fluch verwandelt, daß du hernach
viel tausend Soldaten unterhalten mußt, die deinen

Plan.

Mammon beschirmen, damit der Feind nicht einfalle, der alles abnehme, und dich zu einem armen Christen und Nachfolger Christi mache.

91. Den Reichen dieser Welt gebiete, daß sie nicht stolz seyn, auch nicht hoffen auf den ungewissen Reichthum, sondern auf den lebendigen GOtt, der uns darrecht reichlich allerley zu geniessen, daß sie Gutes thun, reich werden in guten Werken, gerne geben, behülflich seyn, Schätze sammlen, ihnen selbst einen guten Grund aufs Zukünftige, daß sie ergreifen das ewige Leben, lehret Paulus 1 Tim. 6.

92. Der Segen GOttes machet reich ohne Nebel, durch reichlich Geben: Denn einen reichen Geber hat GOtt lieb, und verheisset, auch einem kalten Trunk Wassers wieder vergelten zu wollen.

93. Welches Christus in Vorstellung seiner Zukunft zum Gerichte Matth. 25. gleichfalls lehret, da Er seine Armen zur Rechten, und die Reichen zur Linken stellet, sprechende: Er sey hungerig, durstig, nackend, krank und gefangen gewesen, und was man seinen armen Gliedern gethan, oder nicht gethan habe, Ihme geschehen oder nicht geschehen sey, und jedweden nach seinen Werken Lohn gebe.

94. Dagegen stellet nun die Vernunft vor: Daß, wenn die Reichen alle Armen unterhalten müsten, sie endlich selbst in Armuth verfallen würden, und nichts mehr mittheilen könnten. Darauf antwortet Tauler in seinem armen Leben: Wenn die Reichen, so ferne gekommen, und durch Geben arm sind worden, so stehen sie in Christi Armuth, der wird alsdenn wieder für sie sorgen, daß ihnen Nothdurft zugeworfen werde.

95. Meine Antwort aber ist, daß die Vernunft blind sey, und Christi Armuth nicht kenne, noch von der Weltarmuth zu unterscheiden weiß: Denn Christi Armen sind gläubige Christen, welche pur allein aus Liebe zu ihrem Haupt Christo arm sind, und selbige Armuth höher achten, als aller Welt Reichthum.

96. Und ob du schon einem gläubigen Christen solltest deinen Mammon geben wollen, so würde er ihn doch nicht annehmen, dieweil er in einer gänzlichen Verleugnung aller irdischen Güter lebet, und ein rechter seliger Armer ist, aber reich in Gott; welches ein Weltarmer aber nicht nachthun wird.

97. Ein Gläubiger machet sich selbst nicht arm; sondern die Welt verfolget ihn, nimmt ihm alles ab, und lässet ihm gar nichts übrig, danet ihn zum Land hinaus, und bringet ihn also in die rechte wahre Armuth JEsu, daß er in der Welt weder laufen noch verlaufen kann:

98. Und also gleichsam gezwungen, wiewohl freudig und willig, Christi Schüler werden, und Gottes Reich suchen muß, im besten Vertrauen, daß GOtt für Kleider und Nothdurft sorgen werde.

99. In welchem Glauben er auch ohne Zurücksehen bis an sein Ende treulich aufhalten muß, oder es wird ihm der Glaube genommen, und muß bitten, und ein Sklave der Welt und des Bauchs seyn.

100. Wann nun GOtt für solche seine gläubige Kinder und Hausgenossen nicht sorgete, so wäre Er selbst ärger als ein Heide, ja ärger als ein wildes Thier, welches seine Jungen versorget.

101. Ein ungläubiger Weltarmer aber, der durch Un-

Unglück oder andere Landstrafen in Armuth gesetzet, bekümmert sich nur um irdisch Brod; wenn er das hat, so ist er vergnügt, und achtet sich glückselig genug; von GOtt aber weiß er nichts.

102. Ein gläubiger Christ hält GOttes Gebot, und darf keines reichen Nächsten Gut nicht begehren, noch ihn in der Noth um Hülfe ansprechen: und ob ers schon in der Vernunft thut, so trägt es nichts.

103. Denn GOtt will die Ehre allein haben, daß man ihn soll anbeten; so will Er einen Habacuc bey den Haaren zu Daniel in die Löwengrube führen, oder einen englischen milden Menschen senden, der Christi Armuth versorgen muß.

104. Ein ungläubiger Weltarmer überläuft freylich die Reichen, und ist ihnen lästig; denn bey Armen hat er nichts zu hoffen, und die Reichen geben nicht gern viel weg, dieweil sie meinen, sie machen den Armen auch reich.

105. Ein gläubiger Christ verschlägt alles Vertrauen auf Menschen, ja auf seine eigene Hände, denn GOtt dars versucht: Dahin ein ungläubiger Weltarmer nicht kommen kann, denn er hat keinen andern GOtt noch Helfer als die Reichen dieser Welt.

106. Ein gläubiger armer Christ ist ein geselbter Priester GOttes und Tempel des heiligen Geistes, darinnen GOtt wohnet: Seine Arbeit ist, im Geist und Wahrheit unablässig beten, sowohl für das Land, darinnen er wohnet, daß es ihm wohl gehe, als auch für alle Menschen, daß sie durch des Heil. Geistes Antreibung zur Erkenntniß der Wahrheit gebracht werden mögen.

107. Er muß für seiner Mitbrüder Brüst stehen, und auch ihnen helfen streiten, kämpfen und
überwinden; und kann er unmöglich zweyen Herren
dienen, oder seine Sinnen in Händel der Nahrung
einführen; denn er ist zu allen äusserlichen Werken
ungern.

108. Darum muß er auch stets nüchtern und
mäßig leben, und auf die Bewegung des Heil. Geistes im Herzen fleißig acht haben, daß er höre, was
der HErr in ihm spreche: Ein ungläubiger Weltmensch
aber bekümmert sich nur um die Dinge dieser Welt.

109. Wo sind denn solche gläubige arme Christen, spricht die Vernunft? Ich möchte wohl gerne
einen sehen. Ich bekenne, daß sie noch zur Zeit sehr
dünne aufwachsen, und die bekannte an den Fingern
leicht zu zehlen sind.

110. Wäre auch gar nicht nöthig gewesen, daß
du armer blinder Vernunftlehrer deine reiche Zuhörer und Anhang vermahnet hättest, ihren Gott zuzu-
halten, ihre Hände zuzuschliessen, und diese kleine
Häuslein auszuhungern.

111. Will auch hoffen, GOtt soll deiner Blindheit nicht zurechnen, daß du sie zu verfolgen und weg
zu jagen getrachtet; denn du hast uns damit Nutzen
geschaft, unser Gebet aufgefrischet, und unsern Glauben, Liebe, Hoffnung und Geduld geübet.

112. Willt du sie aber sehen, so mußt du den
Kelch, welchen wir getrunken, auch trinken, und mit
der Taufe, damit wir getaufet sind, auch getaufet
werden. Aeusserlich sind wir wie alle Menschen elend
und gebrechlich; der inwendige Mensch aber ist in
GOtt verborgen, und auch wohl vor aller Vernunft
verborgen bleiben.

113. Maßen ich mir auch gänzlich vorgenommen hatte, mit keinem Menschen Kundschaft zu machen, dieweil ich vor der Vernunft, die heut zu Tage Regentin der Welt ist, und alles Ding zu meistern weiß, furchtsam war, und wohl vorsahe, was mir aus der Menschen Kundschaft vor ein heftiger Kampf zuwachsen würde.

114. Habe oder dem Geist Gottes, der meinen Wandel und Leben wider meinen Willen einem guten Freund im Gebet geoffenbaret, nachsehen, und ihme solches befehlen müssen.

115. Ich habe dem Höchsten zu danken, der mir mein Leben, so ich in Christo dargestellet, aus dem Rachen des Todes und der Höllen, wider aller Menschen Verhoffen, wunderbarlich herausgerissen, und in diesem feurigen Kampf mit GOtt und Menschen nicht unterliegen hat lassen.

116. Nur ist schmerzlich, daß unter dreißigen nicht mehr als Einer im Willen hat gestanden, und JEsum im Glauben ergriffen hat, welcher allein die Allmacht der Liebe GOttes preisen kann.

117. Die Vernunft spricht: Weil ihr von so einem hohen apostolischen Leben sprecht und rühmet, warum gehet ihr dann nicht auch in die Welt aus, das Evangelium zu predigen, sondern sitzet still im Winkel, und wuchert GOtt nicht?

118. Ja, liebe Vernunft, du hast wohl getroffen; du wärest der erste, wenn wir dir die Nachfolge predigen und sagen sollten, verlasse dein Netz und folge uns nach, der es weigern sollte.

119. Wir haben keinen Befehl aus, sondern einzugehen: dazu sind wir geruffen, und müssen unserem Macher im Willen still stehen, was der mit
und

und durch unsern Willen, als seinem Instrument, thun oder lassen will.

120. Eigenlauffen und Rennen in guter Meinung thut nichts, und wüster nur verkehrt, wider GOttes Willen. Ein stiller gelassener Wille ist GOtt mehr nütz und angenehmer als ein eigener selbst wirckender Wille.

121. Wir wollen einig und allein was Gott will, dabey wir bleiben, und lassen die Vernunft nur uns urtheilen was sie will; denn wir wissen, daß sie in göttlichen Dingen blind ist.

122. Nun wissen wir, daß GOtt gut, und alles was Er gemachet hat, gut gewesen sey, und derowegen GOtt kurtzwegs beschuldigen können, daß wir böse worden, und keinen uns eingeblasenen göttlichen freyen Willen Ihme dem Macher entzogen und eigen gemacht haben.

123. Der nun ein purer Teufel ist, welchen GOttes Geist beym Daniel und Johanne greulichen reissenden Thieren, auch abscheulichen Drachen, gifftigen Schlangen und andern Würmern verglichen hat, so gewißlich nicht aus einem Haß, Neid oder Bitterkeit geschehen:

124. Sondern aus einer hertzlichen Liebe eröffnet ist, ob wir arme Erdkinder uns einst erblicken und erkennen lernen möchten, und einen Haß, Eckel und Abscheu an uns selbst kriegen, mit dem verlornen Sohn umzukehren, und wieder an unsers himmlischen Vaters Haus zu gedencken.

125. Denn ob man schon in der Liebe GOttes hoch steiget, und alle gottlose verdammte Seelen, neben den Teufeln in den Himmel hinein setzen will, welches ich nicht bestreiten will; so liegts aber solches

des nicht an GOttes Allmacht, nach an unserem Willen, sondern an der verdammten Seelen und des Teufels Willen, ob sie auch wohl in der Ewigkeit einen
Willen zur Demuth fassen können, und aus dem Zornfeuer GOttes erlöset zu werden begehren sollten.

136. Massen ichs selbst nicht gerne darauf wollte
ankommen lassen, dieweil ich glaube, daß das Ewig-
ist, keiner Veränderung mehr unterworfen sey. Ich
schreibe nicht von denen, welche an Faden hangen
bleiben, und durch das Magische Zornfeuer mit unaussprechlicher Pein durchgehen müssen.

137. Sondern von denen, bey welchen keine
Fürsprache bestehen wird können, und keine Linderung
im Feuer zu hoffen wird seyn: Da werden GOtt alsobald absagen, verfluchen und haßen. Gute Meinungen und eigener Wille werden im Gerichte GOttes
keinen Platz finden; sondern sich jederzeit mit GOttes
Urtheil zufrieden stellen müssen, sintemal GOtt gerecht
und wahrhaftig ist.

138. Und ob man schon aus 1 Petr. 3. v. 19.
einen Schluß einiger Erlösung aus der Höllen machen wollte, weil Christus den Geistern in der Gefängniß gepredigt; so bekenne ich, daß ich beydes
in dieser Gefängniß zwischen Zeit und Ewigkeit,
und in der Höllen der Teufelen, im Geiste gewesen bin,
aber einen grossen Unterschied zwischen beyden gefunden habe.

139. Denn in der Gefängniß zwischen Zeit und
Ewigkeit ist keine Angstqual, auch weder finster noch
licht; sondern eine Dämmerung. In der Höllen
aber ist lauter Verzweiflung und schreckliche Angstqual,
welche die Seele alsobald zur Verzweiflung und Ab-
sagung GOttes zwinget.

D   130.

130. Denn mein Verbleiben darinne nur sechs Stunden lang gewähret; und wenn mir GOtt nicht die Zunge gehalten, Ihme alsofort ewig sollte abgesaget haben.

131. Jedoch soll ich auch nicht verhehlen, wie mir GOtt bey Absterbung grösser und schwerer Sünder, darzu ich ersucht bin worden, merken hat lassen, daß Christus der Seele bis zur Scheidung Leibes und Seele nachgehe.

132. Und wenn die Seele aus Ziel der achten Feuergestalt, darinnen Moses mit seinem feurigen Gott stehet, und der Teufel der Seele des Sünders abfodert, kommet, ist Christus als ein Mittler und Gnadenstuhl der Seele Fürsprecher, daß sie noch einen Wiederblick gemachet, und am Faden der Hoffnung hangen bleibet.

133. Ich will aber niemanden anrathen, darauf getrost hin zu sündigen: Denn wo der Zorn GOttes zu viel überhäuft wird, da brennet er unaussprechlich scharf, wie solches im Gleichniß an einem natürlichen Feuer zu sehen: Je mehr man Holz und Oel dreingießet, je schärfer es brennet. Darum sey ein jeder gewarnet.

134. Wenn man nun betrachtet, wie alle Reliigösen in der Welt ihren Verstand geschärfet, die eitel Thierteufel einen sanften Weg zum Paradies zu bahnen, und ohne Absterbung der Eitelkeit und Nachfolge Christi in die Herrlichkeit GOttes einzuführen; so sehet man der dreyen Principien Streit und Oberregiment in der Seele, wie sie immer mit einander gerungen, und sich neben einander dargestellet.

135. Daraus dann des natürlichen Menschen Blindheit und grosse Eigenheit entstanden; indem

er gemeinet, seine Lehre und Meinung müsse GOttes Richtschnur seyn, darnach er richten solle, und nicht GOttes Wort und Gebot.

136. Denn hier nicht von Heyden, welche von Christo nichts gehöret, gedacht wird: Welche Meinung noch bis diese Stunde unter den Christen Stand hält; indem ein jeder nach seiner Meinung lebet, glaubet, und denket gleich mit Christo, ohne die Wiedergeburt und Absterbung der Eigenheit, in dem Himmel zur Rechten GOttes sitzen und herrschen zu sollen, wie er von seinen blinden Lehrern geführet und unterwiesen wird.

137. Dieweil nun den grossen GOtt unser menschliches Elend gejammert, hat Er aus seiner Gnade durch den einfältigen ungelehrten Layen Jacob Böhmen den tieffen Grund der dreyen Principien, als den Baum der Erkäntniß Guten und Bösen, und den daraus entstandenen Fall Lucifers und Adams entdecket.

138. Welches Erkäntniß manches Gemüth angezündet, diesem Verleim in sich selber ferner nachzugraben; da dann einer hier, der ander dar ein Aederlein gefunden, welches ihn zur Liebe GOttes und Gebet getrieben.

139. Wiewohl mir seine Schriften erst einige Jahre nach meiner Aufweckung sind zu Handen gekommen; aber sehr grossen Nutzen in meinem ersten Kampf geschaffet haben.

140. Und ist sich ja billig zu verwundern, daß man von der ersten Kirche degenerirten grossem Eifer der Nachfolge Christi so geschwind abgewichen, und von der Verleugnung aller irdischen Güter in eine eigene Unmenschlichen wieder verfallen ist.

D 2   141.

141. Und kann ich meinem GOtt nimmer genug danken, daß Er auch den Allerunwürdigsten in die Armuth Christi selbst geführet, und derselben Verborgenheit aus der Brust aufgeschlossen hat; ob schon bey allen Menschen verachtet wird, welches aus Mangel der rechtschaffenen feurigen Liebe zu Christo JEsu geschiehet.

142. Denn wie als unserem Haupt, König und Theorführer, ja unserem ewigen Bräutigam, billig in allem gleichförmig und darstellen, und gehorsam seyn, auch ihn über alles lieben sollen; Denn wo keine Gleichförmigkeit ist, kann auch keine Einigkeit und Harmonie seyn.

143. Nun ist uns sowohl aus heil. Schrift als dem Liecht der Natur bekannt, daß Adam seinen freyen Willen von seinem Schöpfer ab in den Geist dieser Welt ausgewendet, und dieser Welt Schätze und Glanz begehret, auch uns alle seine Kinder mit in solche falsche Sucht und Begierde gebracht, und zu Sclaven der Welt und Kindern der Finsterniß gemacht hat.

144. Daß wir nun im Schweiß unsers Angesichts unser Brod essen, und unser Leben in lauter Mühseligkeit, Angst, Noth, Kummer und Sorge zubringen, endlich wieder alles verlassen, und aus dieser Welt in die ewige Finsterniß eingehen müßten, und Kinder der Höllen blieben.

145. Es sey denn, daß wir umkehren und JEsum anziehen, der uns wiederum zu helfen von seinem himmlischen Vater in unsere Menschheit her aus gekommen, unsern angenommenen creatürlichen Willen aus aller irdischen Sucht und Begierde wieder zu seinem und unserem himmlischen Vater eingewen-

det,

bet, und ihnen solchen bis zum Tode des Creutzes in
Gehorsam unterworfen;

146. Auch uns gelehret hat, daß so wir seine
Discipel seyn wollen, wir gleichfalls allen irdischen
Willen verleugnen, unser Creutz auf uns nehmen, und
Ihme nachfolgen sollen: Welche Lehre nicht allein
den Aposteln, sondern allen Christen insgemein vor-
geschrieben ist.

147. Maßen die ersten Christen solches Gebot
gleich practiciret, und damit bezeuget, daß sie Christum lieb hatten, und seine Gebote bewahreten.

148. Dahin nun die ganze Lehre Christi zielt:
Selig sind die Armen im Geiste, denn das Himmelreich ist ihr: Niemand kann zweyen Herren dienen;
er wird dem einen anhangen, und den andern verlassen. Sehet an die Vögel unter dem Himmel; sie
säen und mähen nicht, euer himmlischer Vater ernähret sie doch.

149. Trachtet am ersten nach dem Reich GOttes
und seiner Gerechtigkeit, so wird euch das andere
alles zufallen. Sorget nicht, der Vater sorget für
euch. Suchet Schätze, die ewig bleiben ꝛc.

150. Welches Leben des Glaubens ja heut zu Tage
fremd ist, so fremd auch der Glaube ist; das bekenne
ich gerne. Daß wir aber heidnische Unglaubens-
Leiber sind, ist wahr; unterdessen hebt unser Unglaube
GOttes Glauben nicht auf.

151. Darum war ich auch furchtsam, einem
Menschen bekannt zu werden, weil ich wohl voraus
sahe, daß die Armuth Christi alle andere Weltleben
würde richten und zu Boden werfen, und mächtigen
Streit und Widersprechen erwecken: maßen denn ein

D 3   jeder

geder wider diesen Stern sich stoßen und reiben wollen; jeder sprach, wer kann so leben?

152. Und verurtheilten die Armuth Christi und deren Liebhaber, als die allerärgsten Verführer, dergleichen von der Welt her nicht gewesen, die allen wohlbestellten Republiken höchst schädlich und unleidlich wären; die Glocke war schon gegossen, aber der Klöpfel mangelte.

153. Welcher Sturm uns nicht wenig geübet, und ins Gebet getrieben, weil der Teufel mit uns den Garaus zu machen gänzlich gemeinet hat.

154. Die Vernunft mag nun die Schrift brechen, und fremden Verstand machen wie sie will, so stehet doch Christi Leben und Lehre dem Adamischen Natur-leben schnurstracks entgegen; und kann unmöglich einer seyn wahrer wiedergeborner Christ seyn, der etwas in seinem Wollen besitzet.

155. Denn im Besitze stecket die Eigenheit, welche Adam hat angezogen: Die muß nun gänzlich verleugnet seyn, oder sie wird in die Hölle geworfen, dahin sie gehöret. Gleichwie Christus selbst in der Welt von Almosen gelebet, und nicht so viel Eigenthum gehabt, darauf Er sein Häupt legen können.

156. Nun wird die Vernunft hervorbringen: Wenn alle Menschen solche gläubige Armen wären, wer sollte sie dann erhalten? Höre Vernunft, Christi Lehre nimmt den ungerechten Mammon nicht weg, und hebt den rechten Gebrauch nicht auf: Denn es ist eine Gabe Gottes, damit die Reichen wuchern sollen.

157. Christus nennet sie Haushalter und Rent-meister, denen Er seine gläubige arme Nachfolger

anbefohlen, daß sie ihnen zu rechter Zeit Nothdurft geben sollen; mehr begehren sie auch nicht.

158. Und wer da saget, es sey sein Gut, und gehöre ihm zu, der ist ein Dieb GOttes, deme es entziehet, und wird Rechenschaft dafür geben müssen. GOtt hat alles gemein geschaffen zum gemeinen Nutzen, nicht zum Prassen, Pracht und Wollust.

159. Und werden diejenigen Reichen, welche GOttes Reichthum in ihre Kisten eingeschlossen, und zu ihrem Eigenthum gemacht; den armen gläubigen Christen aber nicht zur rechten Zeit ihre Nothdurft zugeworfen haben, mit Schrecken hören müssen: Weichet von mir, ihr Verfluchten, in das ewige Feuer, welches euch und allen Teufeln bereitet ist!

160. So lang ein Gläubiger Mittel in Eigenthum besitzet, kann er GOtt nicht von ganzem Herzen vertrauen; wird auch nimmer zu einem rechten, lebendigen Kraftglauben durchbrechen, noch vom Regiment des Welt-Geistes befreyet können werden; welches denen Reichen ein Paradoxon, die arme Gläubigen aber gar wohl verstehen.

161. Die Armuth Christi ist der himmlischen Weisheit Festung, darinne sie verwahret wohnet: Wer zu ihr hinein will, muß es arm werden. Die Armuth Christi ist der verborgene Schatz alles Reichthums, Kräften, Erkenntniß und Mysterien GOttes. Ein Narr verachtet sie; aber ein Weiser hält sie in hohem Werth. Aller irdischer Mammon ist nur Koth dagegen zu rechnen.

162. Ich spreche ohne allen Ruhm in Wahrheit, und der HErr ist mein Zeuge: Wenn mir einer der ganzen Welt Gut wollte vor Christi Armuth geben,

D 4

ich wollte nicht einen Augenblick mit ihm wechseln: Sie bewahret für Hoffart und Zorn, und ist ein Feuer GOttes, das immerdar zur Liebe und Gebet aufwecket und anreizet.

163. GOtt ist so hart an seine Armuth verbunden, daß Er sie nimmer verlassen kann: Engel, Menschen und Raben müssen ihr dienen. GOtt lässet sie nicht bettlen, wie der Weltgeist seine ungläubige Weltarmen, welche er oft als Hunde wegstossen.

164. GOtt erwecket immer wohlthätige Herzen, welche sich der Gläubigen annehmen. Man kann die Christarmen nicht kennen, dieweilen sie äusserlich reich scheinen, und dadurch vor aller Vernunft bedeckt stehen.

165. Die Menschen schämen sich der Armuth Christi, und achten sie für eine Schmach; aber der HErr wird sich in ihnen ihrer auch schämen vor seinem himmlischen Vater.

166. Ich habe keinem Reichen jemals ums Geldes willen gedienert, oder mich vor seinem Mammon gebeuget; sondern die Wahrheit freymüthig bezeuget, und das Unrechte bestrafet, und bin von Reichen mehr gehebet worden, als ich werth war.

167. Da ich in der Welt lebte, und dem Spiritu Mundi diente, mußte ich thun was er haben wollte; als mich GOttes Gnade aber innerlich ergriffen, und ich des Weltgeistes Leben angetastet und bestrafet, hat er mich aus meiner Nahrung gestossen, mir alles abgenommen, und nicht ein gut Hemd übrig gelassen, und gemeynet, mich unter seine Füße zu beugen.

168. Und hat eben damit seine Herrschaft verloren: denn er mir nachher durch GOttes heiligen Willen dienen, und meine Nothdurft reichlich zutra-

gen

Der Wiedergeborne Mensch
In seiner innstehenden Geburt
in Christo im Hertzen
Welcher die Schlange zertreten

gen müssen; und als er seinen Verlust gemerket, mir gewaltig nachgestellet, und über die massen süß ge=pfiffen, mich aber durch GOttes Gnade in seinen Deumschimmel nicht bringen können.

169. Darauf er heftig ergrimmet, und alle seine Kräften angespannet, die Armuth Christi anzubinn=gern; von GOtt aber auch merklich ist vereitelt worden: Dem so auch ewig allein Ehre, Preis, Lob und Dank, Macht, Reiche, Stärke und Kraft. Amen!

***

Das dritte Capitel.

Vorbericht.

1.

In dieser nebenstehenden Figur, welche die Zwey=te unsers Autors ist, erscheinet, was gestalt der Glaube nunmehro durch die Gefahren der äuf=sern Natur (worunter die drey erste Gestalten Centri Naturæ ewig, als die finstere Welt mit ver=standen wird) biß auf den Mittelpunct ins Herz gekommen.

2. Da JEsus im Herzen aufgehet, die finstere Gebärmutter bricht und in uns geboren wird, sein Reich in unserm Herzen einnimmt, und als der von GOtt verheissene Schlangentreter, dessen Aufgang und Zukunst von nun an ohne Ende in uns ist, mit der heiligen Lichtsgeburt allhie dem Satan, der al=ten Schlangen, ohne Aufhören den Kopf zertritt,

D 5 und

und das eiserne Schlangenthier theils zermalmet, und in den Abgrund wirft.

3. Wovon sich jetzund eine neue Welt im Mittel aufthut, und der verlorne Sohn, die Seele, nun wieder zum Vater kommt, und in GOttes Herz angenommen wird, als in die eigene göttliche Lichtstinctur, da ihr JEsus angezogen wird zum Kleide oder Leibe, das erste Kleid Unschuld genannt. Luc 15, 22.

4. Welches ihme (ihr) der Satan, gleichwie den ersten Eltern im Paradies beneidet, und der Seele theils GOttes Zornfeuer in den Gestalten der Natur im Innern anzündet, inwendig und auswendig; auch in der Feuerquelle sie immerdar versuchet; welchem sie nun theils widerstehen muß im Glauben.

5. Welches auch ein langwieriger Streit ist, da Liebe und Zorn einander schärffen, in welchem der Zorn der Liebe offenbaren muß; und gehet durch alle sieben Gestalten des innern Feuerlebens, bis zur Ausgebärt, da offenbar wird, daß die Liebe allein in GOtt und allmächtig, der Zorn nur Natur, welcher seine Stärke und Macht der Liebe einzugeben muß, dergestalt, daß aus beyden Eine Essenz und Wesen wird.

6. In diesem gehet die ganze Gottheit im Geiste auf, und umbhüllen sich GOtt Vater und Sohn in der neugebornen Menschheit, da der Vater dem Sohn die Menschheit übergiebet, und ans Herz bindet, und dieselbe in der Jungfrauen seiner Weisheit JEsu einvermählt; wo der Satan hinfort allezeit als ein Blitz vom Himmel auf die Erde fället, und ausgeworfen wird, und wir in allem Streit weit (über Auszug) überwinden.

Vom wiedergebornen Menschen.

1.

Der günstige Leser soll wissen, daß ich nicht aus Meinungen oder Büchern; sondern aus eigenem Schauen und Erfahrung schreibe, und große Schwierigkeit finde, weil dieser Mensch geistlich und sehr verborgen ist, auch mit natürlichen Figuren nicht abgemahlet, noch mit irdischer Zunge erhoben kann werden.

2. Deswegen ich mich natürlicher Gleichnissen bedienen muß. Derohalben wird der liebhabende Leser selbigen nachsinnen müssen, bis er den Verstand und Begriff wird erlanget haben.

3. Und wo er dadurch möchte begierig werden, sich im Lichte der göttlichen Weisheit selbst zu erkennen und zu schauen, so muß er sich in seinen unergründigsten Grund oder Centrum der Seelen, mit gar feurigem Ernst einwenden, fleißig bitten, GOtt um seinen heiligen Geist anruffen, und sich mit allem, was er ist, hat und vermag, in Leib, Seel und Geist, Ihme gänzlich ergeben, Treue geloben, und einen festen Fürsatz nehmen, sich nimmer, weder in Armuth, Creuz, Noth, noch Tod von Ihme abzuwenden; sondern bis an sein Ende standhaft zu folgen, wie ich gleichfalls gethan habe.

4. So zweifle ich keineswegs, GOtt werde auch sein Gebet im Namen JEsu erhören, und geben, was sein Herz verlanget hat und begehren wird.

5. Der neue Leib ist gegen dem alten so weit unterschieden, als die hellscheinende Sonne gegen der finsteren Erde; und ob er schon im alten Leibe ge-

bet, so ist er ihm doch unfaßlich und unbegreiflich; zu
Zeiten aber wohl empfindlich.

6. Und kann nicht wohl eigentlicher abgebildet
werden, als mit der Sonnen und Sternen Licht oder
Glanz; ist auch unseren äusserlichen natürlichen Augen so unmöglich anzuschauen, als und unmöglich ist,
mit natürlichen Augen in der hellleuchtende Sonne zu
schauen.

7. Und ob man schon Christi Erscheinung nach
seiner Auferstehung möchte gegenstellen, so ist doch
wohl zu merken, daß Er damals noch nicht verkläret
gewesen.

8. Massen uns die Geschichte Pauli bey Da-
masco klärlich zeiget, wie Paulus von der Bestrahlung
des verklärten Leibes Christi dergestalt verblendet worden, daß er drey Tage seines natürlichen Gesichts
entbehren müssen. Meiner eigenen Erfahrung zu
geschweigen.

9. Wie sich nun das Sonnenlicht gegen den Ster-
nen verhält; also auch unsere neue Leiber gegen dem
Leibe Christi: Er die Sonne, wie seine Sterne, ein
Fleisch und Bein, eine Wesenheit; je näher und
gleichförmiger Christi Leiden und Nachfolge, je heller
Glanz und Licht.

10. Die Kräfte dieses Leibes kann ich mit nichts
vergleichen, als mit den Farben der hellglänzenden
Edelgesteine, Diamanten, Rubinen, Hyacinthen,
Jaspis rc.

11. Welche durch einander spielende Farben solch
einen lieblichen und herrlichen Anblick geben, daß
auch die Engel selbst lüstet anzuschauen, und menschliche Zunge nicht auszusprechen vermag: Denn wir
nur

nur irdische Gleichnisse haben,   die doch gegen dem himmlischen Wesen nur ein Schatten sind.

12. Ach wie thöricht thun die Menschen, daß sie um einer Hand voll vergänglicher fleischlicher Lust willen solche ewige Herrlichkeit verscherzen!

13. Dieser Leib isset vom Wort GOttes, oder himmlischen Sophia, welche aus dem innern heiligen Liebefeuer und Liebe in den Leib scheinet, und die Begierde oder Glaube machets wesentlich, greiflich: Und ist doch alles nur geistlich, subtiler als die Luft, gleich denen Sonnenstralen, welche durch alle lichte Corpora dringen.

14. Diese himmlische Wesenheit des neuen geistlichen Leibes nehret die umgewandte Seele wieder, durch ihre starke Begierde in ihre feurige Essentien ein, als der Bräutigam seine liebe Braut, und gebieret auß sich ein hoch triumphirendes, helles, weißes, Licht, im Innersten des Gemüths und Seele, in der Lichtweck aus.

15. Daraus der heilige Geist ausgehet in die ewige Weisheit, und hilft auch dem äusseren Leben sein irdisch Brod und Nothdurst eingebähren, bilden, formen und schaffen.

16. Und dieses ist nun die heilige und ewige Außgebärung der dreyen Principien, als Vaters, Sohns, heiligen Geistes und Weisheit, im wiedergebornen Menschen: und nicht nur Brod, wie du arme blinde Vernunft meinest, und billig an diesem tiefen Misterio blind bleiben sollst, dieweil du es zu wissen und zu verstehen nicht werth bist.

17. Denn du suchest nur diese Welt, daß du Kisten und Kasten füllest, und deinen Ueberfluß deinen

Kin-

Kindern nachlaſſen möget. Suchteſt du ihnen eine
fromme Seele, wäre viel beſſer.

18. Ja auch die frommen Reichen ſind hierinn
blind und ſtrafbar, ob ſie ſchon ſehr gutes Erkenntniß haben: indem ſie ihren fleiſchlichen Weltfreunden
mit Hunderten fortheiſſen, ſie in ihrer Bosheit und
Müßiggang dadurch ſtärcken, und den Teufel der Eigenheit wiſſentlich in ihnen mäſten.

19. Da ſie doch weder von ſolchen gottloſen Freun-
den, noch von GOtt Lohn und Danck zu erwarten
haben; ſolchen ängſtlichen Kämpfern aber in ihren
ſchmertzlichen Geburten kümmerlich ein Brodkrümlein
unter ihrem Tiſche zufallen laſſen, welches ihnen vor
GOtt eben ſo wohl eine Spende ſeyn wird.

20. Denn der Menſch wird nicht nach ſeiner
guten Meynung, ſondern nach ſeiner von GOtt in
ihme eröffneten Scienz gerichtet werden, wie der
HErr ſelbſt ſolches offenbaret. Luc. 12, 47.→ Jac.
4, 17.

21. Und hoffe, daß ſolche guthertzige brüderli-
che Vermahnung nicht ſoll übel gedeutet werden:
denn wir unſer Licht müſſen leuchten laſſen, ohne
Anſehung der Perſon, und GOtt das Gericht befehlen.

22. Gewißlich, GOtt hat einen freyen Ihme zu
Grund gelaſſenen Willen, darinnen Er ſelbſt wollen, bilden, formen und ſchaffen möge, was Ihme
gefällig iſt, hertzlich lieb, und offenbaret ſich ihme
freundlich; aber einen eigenen Willen haſſet Er, und
ob er ſchon viel gute Wercke thut; denn er wircket nur
in Eigenheit.

23. Der erleuchtete und erfahrne Leſer hat zwar
unſer Schreiben nicht nöthig; denn er ſeinen unmün-
bigen

digen Lehrer und Leiter in sich selbst hat, und dem haben wir auch nicht geschrieben.

24. Dem unerfahrnen und ungeübten Gemüth, aber sollen wir unser Licht leuchten lassen, und zeigen, was die Wiedergeburt sey; was GOtt vor einen Proceß mit dem alten Adam hatte, und wie der neue Mensch von einem Grad zum andern fortgehen muß, bis sein neuer Leib seinen völligen Wachsthum erreichet habe.

25. Und muß wohl angemerket werden, daß man in der Wiedergeburt keine neue Seele empfangen; aber wohl einen neuen Leib; und also die Seele keine Wiedergebärung nöthig hat; sondern nur eine Erneuerung und Umwendung aus dem Aeussern ins Innere, da sie mit der reinen GOttheit renovirt. wird.

26. Der alte Madensack ist und bleibet zerbrechlich, und thut mit seinem ängstlichen Hunger und Treiben so viel zur Sache, als der Mist aufm Acker zum Wachsthum des Korns.

27. Er verschlinget der Seelen allen Vorrath, bringet sie in Armuth, Angst, Sorge und Kummer, daß sie keine Speise, keine Lust, keine Freude noch Ergötzlichkeit im düstern Säuleben mehr finden kann, traurig wird, die Mühseligkeit des irdischen Lebens betrachtet, die Eitelkeit an allen Dingen siehet, und an ihres Vaters Haus zu gedenken beginnet.

28. Und wenn diese ängstliche Treiber nicht wären, sollte GOttes Wunder der Weisheit nicht ans Licht gebracht, noch der Gläubigen Gebet ernstig und feurig angezündet können werden.

29.

29. Zu welchem Ende Christus seine Nachfolger alsobald in seine heilige Armuth einführet, sie von allen irdischen Mitteln berauben, ausdannen und verfolgen, und ihnen nicht so viel Mittel übrig lässet, darauf sie ihr Haupt legen können; damit sie zu Gott ihr Vertrauen stellen, und seinen Verheissungen glauben müssen, daß der Vater für sie sorge.

30. Denn Armuth und Noth lehret ruffen und schreyen, und zu GOtt um Stärkung des Glaubens bitten, welches die Schüler Christi am besten verstehen.

31. Und ob schon der Reichen keinen Credit finden mag, so wie doch die Wahrheit, welche sich selbst zur Stunde bezeugen würde, wenn sie nur einen Tag von allem Vorrath beraubet seyn sollten, da sich Unglaube, Zweifel, Sorge, Angst und Bekümmerung alsobald im Gemüth einstellen würde, und heissen: Wo Brod her in der Wüsten? wie wir selbst an Noth sehen. Num. 11, 13.

32. Wir armen Menschen wissen nicht, wie tief wir vom Spiritu Mundi verschlungen, und in lauter Unglauben leben; bilden uns zwar oft einen starken Glauben ein, und trauen GOtt nicht ein Stück Brod zu, fürchten gleich, wenn wir GOtt über alles zu fürchten, zu lieben, und zu vertrauen gelehret werden, daß wir solches thuende GOtt versuchen würden.

33. Ich habe meine Schwachheit gnug erfahren, und meines Herzens Zagen erfahren, bis nach vielfältiger Uebung das kleine schwache Glaubenszweiglein zu einem starken Baum werden, der wider alle Sturmwinde des Teufels und der Vernunft stehen können.

34. Wenn nun die Seele sich im Leibe umwendet, so kehret sie dem Sonnenlichte den Rücken, und wendet ihr Angesichte zu GOtt in der inneren Licht-welt, und krieget alsobald ein ander Gesichte, Hören, Riechen, Schmecken und Fühlen, ob sie schon auch im Finstern lebet.

35. Und erkennet erst, daß sie sich von GOtt, ausgewendet, und ihres Vaters ewiges Haus verlassen, auch ihr edles Liebleben mit Huren verpras-set habe; fället auf ihre Knie, demüthiget sich vor ihrem himmlischen Vater, im verborgenen Lichte woh-nende, und will im Geiste anfangen zu beten: kann doch nicht, dieweil sie aus Büchern zu beten angeführ-et ist, und verstehet noch das rechte Gebet im Geist und Wahrheit nicht.

36. Da wird ihr alsdann der heilige Geist mit einer gar empfindlichen Bewegung ins Herz heraus gesandt, wie in dieser Figur mit der Tauben ange-wiesen wird. Welche Bewegung der Seele angebo-ren und fremd ist, dieweil sie GOtt noch nicht kennet, und deswegen sich drüber verwundert, und der Be-wegung nachforschet.

37. Welches der Teufel wahrnimmt, äusserlich ins Gemüth schwatzet, und die Seele mit falschen Einsprechen, als ob von ihm käme, zweifelhaftig zu machen suchet; wie es mir auch wiederfahren, indem der Teufel ins Gemüth sprach: Nun habe ich dich besessen, du bist mein!

38. Welches meine Seele dergestalt erschrecket, daß ich vom Gebet aufgestanden, und diese böse Ge-danken zu vertreiben das neue Testament ergriffen, darinne zu lesen.

39. Und als ich aufgethan, sind mir eben die Worte Pauli 1 Cor. 6, 19. in die Augen gefallen: Wisset ihr nicht, daß euer Leib ein Tempel des heiligen Geistes ist, der in euch ist, welchen ihr von GOtt habt, und nicht euer selbst seyd.

40. Welche Worte mich erst in die tiefste Verwunderung gebracht, daß ich GOtt von meiner Jugend auf anizo nicht gesucht, manchen halben Tag traurig im Feld herum gegangen, oder mich in eine Scheune verborgen, den Himmel angeschauet, und wie Moses, David und andere Männer GOttes, davon ich in der Bibel gelesen, mit GOtt zu sprechen verlanget.

41. Wie aber kein GOtt erscheinen wollen, und ich wieder betrübt nach Haus kehren müssen: Da ich denn die Gebetbücher ergriffen, die Fenster aufgethan, oder unterm freyen Himmel gesessen bin, damit mein Beten ungehindert nach dem Himmel aufsteigen möchte: Und bin also 16 Jahr hingegangen.

42. Habe derohalben mein neu Testament gleich nieder geleget, bin nieder auf meine Knie niedere gefallen, GOtt für diese seine Gnadenerscheinung zu danken; welches auch so reichlich zugeflossen, daß ich in fünf Stunden kein Ende erreichen können, und mich über diesen reichen Segen verwundern müssen.

43. Habe auch gleich darauf mein Herz mit Christo verbunden, und Ihme mich in Leib, Seel und Geist gänzlich übergeben, alles Creuz, so ihm gefällig wäre, willig nachzutragen, mit dem Beding, daß Er mich aber nicht allein gehen sollte lassen, dieweil

weil ich ein unverständiges Kind , das unter Gutes und
Böses nicht unterscheiden könnte.

44. Welches mein liebster Gehülfe auch' freundlich und liebreich angenommen, und mir einen vollen
Becher eingeschenket, der wohl süß im Munde , aber
ungemein bitter im Leibe war.

45. Hat mich aber nimmer allein gelaßen, sondern in allen Versuchungen, Leiden , Armuth, Verfolgungen und Trübsalen treulich gerettet. Ihme sey
ewig Ehre, Lob, Preiß und Dank!

46. Bin auch alsofort mit göttlicher Erkenntniß
erleuchtet, und im Gemüthe angetrieben worden, das
böse Leben zu strafen, und mich deßen Brüdern zu
zeigen, welche gleich die Sturmglocke geläutet, und
mich als einen Ketzer, Enthusiasten, Fantasten, Wie-
dertäufer ꝛc. der Obrigkeit übergeben.

47. Die mir allerley Spott, Schmach und
Schande angethan, mit Bütteln mich über der Straße
geführet, und den Kopf herunter haben wollen; weil
sie aber darüber nicht alle eins werden können, endlich
alles abgenommen, und mich auf ewig zur Stadt
ausgebannet haben.

48. Als ich nun in solchem stinkenden Loche eingeschlossen lag, versuchte der Teufel sein erstes Heil, ,
und tentirte mich mit greulichen Verzweiflungen, daß
ich das Messer ergreifen, und mein ängstliches Leben
von der Qual erlösen, oder mit meinem Halstuch ein
kurzes Ende machen sollte.

49. Hat mich auch in solches feuriges Ringen
und Kämpfen gebracht, daß mein Fleisch von den
Knien weggefault, bloß Runde, ich aber wegen der innern Seelenangst äußerlich keine Pein gefühlet; denn
der Teufel machte mir alle Gebete zweifelhaft.

50. Als ich nun in solcher Angst des Mittags im Gefängniß gewandelt, und den Lutherischen Psalm gesungen: Wär' GOtt nicht mit uns diese Zeit ꝛc. wurde ich plötzlich in dem Geist verrücket, und fiel zur Erden.

51. Da sahe ich im Herzen ein helles weißes Licht, kam das Herz eine dicke Schlange, dreymal wie ein Kranz in einander gewunden. Mitten in der Schlange, im hellen Licht erschien JEsus, in Gestalt wie er vom Johanne Apoc. 1. v. 13. 14. 15. beschrieben wird.

52. Der sprach mit ganz tiefem Seufzen: Wenn deine Gnade nicht mein Trost wäre, o GOtt! ich müßte in meinem Elend vergehen!

53. Kaum daß diese Worte zu Ende gesprochen gewesen, ist die Schlange mit einer mächtigen Bewegung zermalmet, und so zerstückelt worden, daß ich sie als unzählige Stücklein hinunter in die finstere Gebärme fallen gesehen.

54. Darauf ich wieder zu mir selbst gekommen bin, und merkliche Erleichterung und Glaubenskräfte im Gebet gefühlet; wie solches in dieser Figur ist abgebildet worden.

55. Diese Entlassung aus dem Egyptischen Diensthause ist nun der erste Anfang und Eingang in die Verschwörungen der ungläubigen Vernunft, welche mit der Armuth Christi nicht zufrieden: schämet sich zu betteln, graben kann sie nicht, und denkt an die Fleischtöpfe, Kohl, Zwiebel und Knoblauch Egypti: Und der Teufel erwecket erst den Unglauben, Zweifel und Mißtrauen.

56. Die Vernunft will sehen, und der Glaube im Herzen ist noch ein kleines Senftkörnlein, kann nicht

nicht wohl gegen diese Sturmwinde auf: Da gehet
Murren und Rutten an, und muß die Seele gewaltig seufzen.

57. Welche wunderbare Zufälle und Rettungen,
aber GOtt schicket, so der Mensch nyr beten will,
habe ich durch GOttes Gnade wohl erfahren; ist aber
aufzuholen zu viel.

58. Darum will ich dem begierigen Leser zur Warnung zwey schwere Versuchungen vorstellen, zu welchen ich bey meiner Zeit gar viel straucheln und fallen
gesehen.

59. Die erste Versuchung ist: Wenn die Seele,
aus dem egyptischen Diensthaus durch den Geist
dieser Welt ausgelassen und in Christi Armuth gesetzet
worden, daß sie im Weinberg GOttes arbeiten, ihren
irdischen Hunger in GOttes Verheissungen sehen, auch
mit ihrem treuen Gehülfen und Seelenbräutigam
JEsu, durch ihres Glaubensbegierde, Gebet und
Flehen, ihre Nothdurst im inneren Himmel bilden,
formen und schaffen soll, damit ihr auf Erden solches
wesentlich zugeworfen, und von guttthätigen frommen
Herzen zugesandt werde:

60. So sie wieder in die irdische Vernunft nach
Egypten kehret, nach irdischem Brod hungert, und
was ihr dann casualiter vorkommet, als eine ehrli-
che Schickung, und nicht für eine teuflische Versuchung aufnimmt, anfasset, zugreiffet, und nicht
ernstlig bittet, Gott in Furchten vor dem Versucher
stehet, und auf Christi Fußstapfen im Gemüth scharf
acht hat.

61. Dadurch manch wackeres Gemüth betrogen
worden, welches hernach geklaget und geseufzet hat:

Wär-

Ach, hätte ich nicht getrauet! Ach hätte ich veste gehalten! so doch hernach nicht zu ändern.

61. Denn sich die himmlische Jungfrau alsdan
in ihr Centrum einschleusset, und die Seele draussen
vergeblich klopfen und warten lässet.

63. Und ob gleich die Vernunft vom göttlichen
Lichte einen Blick bekommen hat, daß sie GOttes
Mysterien scharf begreift, und der Mund davon
schwatzen kann; so ist doch die bildende, formende
und schaffende Kraft weg, und nur ein tönend Ertz
übrig.

64. Der Teufel hungert auch nach GOttes Liebe;
aber siehe zu, daß er sie dir nicht verschlinge, und dein
mit Blumen ausgekehrtes Haus besitze, dazu er gar
grosse Lust hat.

65. Und wo er wieder hinein kommet, nimmet
er sieben Geister zu sich, die ärger als er sind, und
verewiget dir deine Seele und Gemüth in den sieben
Gestalten der Natur, daß du ihn hernach so leicht
nicht wieder wirst heraus kriegen. Darum halte was
du hast: Noth leiden ist ein böser Gast.

66. Die andere Versuchung ist noch schwerer und
verderblicher: Wann die Seele mit GOttes Feuer
angezündet hell brennet, und ein schönes Licht ausgebieret, darinnen die himmlische Jungfrau doch
triumphirend im Gemüth aufgehet, und ihren lieben Bräutigam mit ihren süßen Lichtstrahlen in
der Feuerseele küsset, und ihre Kräfte, Gottes Wunder zu offenbaren und auszugebären, ihr eingiebet,
daß sie im Gebet durch ihre starke Begierde GOttes
Kräfte und Wunder bildet, auch wesentlich machet, und mit herzlichem Lobgesang im Himmel
erscheinet:

67.

67. Wo sie aus der Demuth und Gelassenheit, aus, und in eigene Liebe und Annehmlichkeit eingehet, dencke, daß es ihre eigene Seelen-Feuers-Macht sey, und sie solche Wunder durch ihre eigene feurige Magie und Gebet entwerffen und ausgebähren könne; doch über die Thronen auffliegt, eh was seyn will, und sich dadurch zu einem bestäti- gen eigenwilligen Teufel machet, der untern Schein göttlicher Gerechtigkeit aber unter seine Füße den- gen, und darüber florieren will; und was sich nicht geschwind und augenblicklich beuget, mit Feuer und Schwerdt verfolget, und zur Höllen verfluchet und verdammet.

68. Daß die theure Jungfrau darüber sehr be- trübt und verlegen wird, auch ihrem Bräutigam mit keiner Liebe zu Hülfe kommen kann.

69. Denn wann sie schon der Seele ihre süße Liebesstrahlen in ihr Feuer einführen, und selbiges sänftigen will, so machet die Seele nur feuriger, bestätiger und aufsteigender, daß sie mit allen Kräf- ten dem sanften Licht widerstehet, und nichts in sich einlässet, was ihr ihre Schärfe brechen und beneh- men will.

70. Sie achtet alle Sanftmuth für Heucheley, und verwirft alles, was nicht Feuer ist; welches man mit dem Mysterio stultitiæ zudecket, und GOttes Gerechtigkeit und Gericht heißet; und ist doch unter solcher Decke nur ein kalter hochmütiger Teufel.

71. Wenn nun die theure Jungfrau Sophia sie- het, daß sie ihrem lieben Bräutigam mit keiner Liebe oder Sanftmuth retten kann, so ziehet sie sich in ihr Lichtsprincipium ein, machet das Seelenfeuer finster,

E 4 und

und lässet sie in Sünde und Thorheit fallen, giebt ihm ein unbeständiges thörichtes Weib an Hals, damit der grosse Feuerbrand mit irdischem Wasser gelöget werde, auch der feurige Geist in seiner Phantasie was zu spielen habe, und durch solch Band ihme das Fliegen gewehret werde.

72. Ich bin auch von einem solchen Feuergeist aufgewecket und angezündet worden: Denn ich war noch ungeübet, und kennete den Teufel nicht; sondern hielt ihn für göttlich, und meinte, daß ich mich als ein unerfahrner Soldat unter seine Direction beugen, und seinem Wort gehorsamen müßte.

73. Der liebe GOtt aber hat meine Einfalt mit Barmherzigkeit angesehen, und mich zeitlich los gemacht; dafür Ihme auch ewig dankbar bleibe.

74. Darum sey der gutherzige Leser treulich gewarnet: Denn es viel besser ist, aus eines anderen Schaden, als seinem eigenen, klug zu werden.

75. Es kann ja freylich ohne Feuer weder Grosses noch Kleines aufgeboren werden, es sey gleich in der äusseren oder innern Natur. Auch ists wahr, wo ein grosses Feuer ist, daß da gleichfalls ein grosses Licht sey; welches sehr gut und nützlich ist, wenn nur in der Demuth brennet, und nicht aus seiner Ordnung schreitet, um sich fressen, anzünden und alles verzehren will.

76. Hätten Lucifer im Himmel und Adam im Paradies solches wahrgenommen, so wäre jener ein Engel, und dieser ein Paradiesischer Mensch geblieben.

Das

Das vierte Capitel.

Vorbericht.

1.

Jetzt folget in der Ordnung die dritte und vierte Figur des Autoris, welche man aber vornen ans Haupt, und als zum Titel aller Schriften des Schreibers gestellet, dieweil sie das erste Bildniß GOttes aus der Wiedergeburt in Christo in seiner Vollkommenheit darstellen, mit dem Pectorale oder priesterlichen Brustschild beyder ewigen Principien in Urein und Thaumaum, Licht und Vollkommenheit des Geistes, so wohl auch mit dem Humerale und königlichen Schulterriegel des Reichs JEsu über das äussere Principium, davon Esaiä 9, 6. zu lesen.

2. Damit ein Leser bald zu Anfang merken und sehen möge, wohin der Autor in allen Briefen zielet, der mit Paulo auch jeden Menschen in dasselbe Bild in JEsum vollkommen darzustellen sich äusserst bereitet.

3. Es ist das Ziel, in welchem die Centra im neuen Menschen in ihrer ersten göttlichen Ordnung stehen; das erste und zweyte Principium vornen, das dritte Principium hinten im Gemüthe.

4. Alle drey Urständen im Herzen, und thun sich in der Taufe des heiligen Geistes darinne aus einander, dergestalt, daß die Feuerwelt unten, die Lustwelt oben sich aufthut.

5. Die Lustwelt auf dem Rücken ist eine Ausgeburt der beyden ersten, dahero sie in ihrem Spiegel

E 5   die

die Kräfte beyder in sich empfähet, und damit leuch-
tet, wann der König der Ehren in seiner Herrlichkeit
darinne erscheinet und aufgehet, da es ein Glanz ist
als der allerbesten Edelgesteine; und wird das himmlische Jerusalem damit verstanden, Apoc 21. Alle
Kräfte stehen und wirken als eine Kraft in einander,
und spielen mit ihren mancherley Tugenden und Licht
durch einander, in Gestalt eines glösernen Meers, davon der Autor oben etwas gemeldet hat.

6. Ausser diesem, wann JEsus mit der Seele zu
Felde und in Streit ziehet, ziehet sich der majestätische Lichtsglanz ein, an dessen statt umgürtet JEsus
seine Lenden in uns mit der Essenz der Wahrheit,
und ist angethan mit dem Kreb (Brust-Panzer)
der Gerechtigkeit, welches eines Streiters Christi
tägliche Montur ist, darinn er vor GOtt einher
gehet, mit dem Schild des Glaubens in der Hand
des Willens: In diesem stehet unser Schmuck in
Christo.

7. Das hochzeitliche Ehrenkleid hält die Jungfrau zu Haupt, und das Brauemeum ist ihre Decke,
und gleichsam die dunkele Seite an ihrem hellen Lichts-
spiegel, über welchem der heilige Geist schwebet. Wie
dann GOtt sein heilig Ehebette im Centro eines jeden
Israeliten (welche alle JEsu in diesem in Leib, Seel
und Geist geheiligten Menschen geworden sind) hat,
da die Kräfte aus dem Haupte sich in alle Glieder ausgebären, welche GOtt also genau zusammen füget,
als in der Essenz der Wahrheit.

8 Zuletzt sehet der Leser, welcher gestalt Himmelreich und Höllenreich nunmehro in der äussersten
Offen-

Offenbarung und höchsten und tiefsten Streit gegen einander stehen, und einander gleichsam belagert halten.

9. Der Krieg ist also um das Reich des dritten Principii, welches unser hochgelobter HErr und Heyland (welcher alles träget mit dem Worte seiner Kraft) auf seinen Rücken genommen, und dem Satan abgewonnen hat in der Menschheit.

10. Der aber sein Recht daran noch nicht übergeben will, und dahero allen seinen höllischen Gift (welches coagulirte Geister des Abgrundes sind) auf das jungfräuliche Gemüth Stromweise ausschießet.

11. Welches die Liebe ausschiesset, und mit dem Schilde des Glaubens in Christo des Satans gistige Pfeile auslöschet, und solche dem Feinde wiederum zurück wirft.

12. Welcher Streit so lange währet, bis der Satan allen seinen Grimm ausgespeyen, und JEsus, unter Sanfts- und Liebesbürd, ihn in allen Gestalten des Grimmes überwunden und ausgezogen hat.

13. In diesem wird unser Glaube immerdar tiefer geübet, bis er endlich so dünne wird als ein Licht; so der Sieg ist, womit wir den Satan successive in allen Principien überwinden, und ihme zuletzt die Hölle stürmen.

14. Alhie müssen sich alle böse Geister dem Scepter der Liebe JEsu unterwerfen, und ihre Knie vor Ihme beugen.

15. Da die Liebe, welche alles gelitten, den Satan und alles Höllenheer gefangen nimmt, und so dicke zusammen treibet, daß die bösen Geister wie ein

Meer

Meer in einander coaguliren, da sie zwischen dieser Welt und der Höllen Reich stehen, und JEsu Parade machen müssen.

16. Also triumphiret dann unser Siegsfürst (wie vorher auf seine Zeit in dem ersten und zweyten Principio geschehen) abermal, und führet uns seine Kinder durch das ungeheure Meer der Höllenmacht hindurch.

17. Da die bösen Geister Raum machen, und als Ufer zu beiden Seiten stehen müssen, und sich ohne JEsu Willen nicht regen noch bewegen dürfen.

18. Womit JEsus Christus, GOtt und Mensch über alle seine und unsere Feinde in uns herrschet, in allen dreyen Reichen.

19. Da Er unsere Menschheit, welche Ihme der Vater ans Herz gedrucket und vermählet hat, als eine reine Braut, in ihrem in seinem Blute heiligemachten Lichte, heimführet, und dieselbe GOtt wieder überantwortet und darstellet, ganz herrlich ohne Flecken oder Runzel, oder des etwas, sondern heilig und ohne Tadel, Ephes. 5, 27. Apoc. 7, 14. Cap. 19, 7. 8.

20. Welche Zeit instehende ist, wie die Kinder JEsu im Geiste merken, und ihre Lampen schmücken mit Gerechtigkeit und Heiligkeit der Wahrheit, welche JEsus wirket, da der Geist und die Braut sprechen: komme; Ja komm bald, HErr JEsu, Amen.

Vom innwendigen Menschen, nach dem Bilde GOttes und göttlicher Einwohnung in Ihme, als in seinem Tempel.

1.

Diese Figur bildet den dreyfachen innwendigen christlichen Menschen ab, wie er von GOtt geschaffen gewesen, und in der Wiedergeburt wieder erneuert und erkläret wird.

2. Es hat mich aber einen solchen feurigen Ernst gekostet, ehe er ist ans Tageslicht geboren worden, daß ichs nicht aussprechen kann; du wirsts auch wohl erfahren, lieber Leser, so du an diesen Reihen kommen wirst.

3. Die äussere Kugel oder Theil ist das ängstliche Gemüth, mit den sieben Gestalten der Natur, welches das sinnliche Regiment mit dem Verstand, beydes geistlich und leiblich in sich hat.

4. Und ist ein Spiegel der innern finstern Feuer- und Lichtwelt, auch an allen beyden die ganze Zeit des äussern irdischen Lebens angebunden.

5. Darum steckts auch in einer gar elenden Quelle, wie aus beygehender Figur zu sehen, die ich zu dem Ende auf den Rücken gestellet.

6. Bald sicht ihr der Teufel aus seiner finsteren Hölle von unten, aus der finsteren Feuerwurzel, bald von oben oder aussen aus dem Gestirn an, daß er in stetem Streit und Widerwärtigkeit stehet, bald oben bald unten lieget;

7. Und sich immer nach dem sanften Liebesgrund des der ewigen Liebe sehnet, mit steter Begierde und

Hun

Hunger darin imaginiret, sich sänftiget und labet,
auch in sich ziehet und verzehret, oder wesentlich machet.

8. Welche himmlische Wesenheit das Feuer dann
in sich schlinget, daraus hell brennet, und ein schönes
weisses Licht im Herzen ausgebieret.

In einer andern Schrift drucket sich der Autor also aus:

9. „Die Figur mit dem Gemüth weiset an das
„Auge der Wunder, welches ich auf den Rücken ge-
„stellet, auf daß es dem begierigen Leser deutlich möge
„fürgebildet werden.

10. „Dieses ist nun das Auge des Leibes, davon
„Christus redet Matth. 6. und stehet in der Mitten,
„gleichet sich einer andern Kugel.

11. „Oragewärts (nach vornen, in der dritten
„Figur ausgebildet) ist ein Spiegel der beyden innr-
„ern Principien.

12. „Unterwärts ist eine Figur des Gestirns,
„als der Vernunft, welches mit den Sternen ange-
„deutet wird.

13. „Es stehet halb im Lichte, halb in der Fin-
„sterniß; auf dem Rücken in einem dunkelen Stern-
„glanz; hinterwärts als ein Lichtspiegel.

Hier gehet der Autor weiter fort:

14. „Unter dem Gemüth, auf den Lenden, ist
„ein Zirkel, welcher den Abgrund, als des Teufels
„Wohnhaus anweiset.

15. „Jedoch nicht zu verstehen, daß er allda ein-
„gesperret sey; sondern wann er im Streite durch
„den Geist GOttes ausgeworfen wird, so fället er in
„diesen Abgrund zurück.

16.

16. „Wie dann David in seinen Psalmen bittet, „wirf meine Feinde hinter mich zurück: Item setzt „meine Feinde unter meine Füsse. Den erfahrnen „geübten Streitern wohl verstanden."

17. Im Herzen ist die göttliche Lichtwelt oder Aug, als der Tempel des heiligen Geistes, darinnen GOtt wohnet, und allein im Licht GOtt genennet wird; und ist das mittelste Principium im wiedergebornen neuen Menschen.

18. Und unten drunter ist das göttliche magische Wunder- und Zeugraum. (vide l. Boehms Incarnat. Part I Cap. 3. v. 19.) welches in denen Wiedergebornen die Stätte der Liebe GOttes ist, daraus der Vater seinen Sohn gebäret. In Unwiedergebornen ist GOttes Zornfeuer.

19. Denn es ist der Grund Himmels und der Höllen, und der sichtbaren Welt, daraus Gutes und Böses entstehet, als Licht und Finsterniß, Leben und Tod, Seligkeit und Verdammniß:

20. Und wird nicht unbillig Mysterium Magnum genennet, darinnen zwey Wesen und Willen verstanden werden, als die Einheit und der scheidliche Wille, welcher sich in eine Begierde einführet, biß aus Feuer und Licht; da im Feuer das Zornleben, und im Licht das heilige Geistleben der Einheit verstanden wird.

21. Also erhebt sich auch aus sich zwey Willen, einen feurigen, siegenden, hoffärtigen Teufelswillen, und einen demüthigen, sinkenden englischen Willen, daraus der Wahl in der Einrede entstehet.

22. Denn der Mensch ist in dieser Zeit kein richtiger Macher; er legt seine Begierde in sich selbst, als in eine Eigenheit, oder in GOttes Einheit in die Gelassenheit setzen; da er dann von Zorn oder Liebe eingenommen wird.

23.

23. Denn was das Gemüth einladet, brennet alsbald im Gemüth, es sey irdische oder himmlische Wesenheit; und gebäret aus sich einen solchen Geist aus in Worten und Wercken.

24. So nun der Wille in der Liebe brennet, ist lauter Barmhertz; wo er sich aber von der Liebe abbricht, ist eine pure Hölle.

25. Dieses ist die erste Feuerseele, nach des Vaters ewigen Feuernatur; und im Hertzen ist die ewige Liechts-Feuernatur, nach des Sohnes Eigenschaft; wiewohl nicht von einander getrennet.

26. Nach dem dritten Principio ist auch die Luftseele, als der Spiritus Mundi, und brennet in Hitze und Kälte.

27. Dabey auch zu mercken, daß es kein materialisch, sondern ein geistlich Feuer ist, dessen Centrum oder Wurzel ist die ewige Finsterniß, nach welcher sich GOtt ein verzehrend Feuer nennet.

28. „Das magische Feuerauge auf der linken „Seiten unterm Hertzen, ist in seiner Wurzel GOttes „Zornfeuer, nach welchem sich GOtt einen zornigen „und eiferigen GOtt nennet; und nach dem Licht ist „GOttes Liebefeuer, nach welchem Er allein GOtt „genennet wird.

29. „Nach der Wurzel nennet Jacob Böhm die„sen Geist den Geist der grossen Welt, welcher Adam „nach seinem Fall geboffet, Gen. 3, 22. Item den „Cherub mit dem feurigen Schwerdte, item den Wür„engel in Egypten, item den Engel, der auf dem Be„rge Sinai bey Kindern Israel Gesetze gegeben.

30. „Mit diesem Mann hat Jacob die gantze „Nacht, und Christus am Oelberg gerungen, wel„ches einem jeden wahren Nachfolger Christi in sei„nem Proceß auch begegnet. Und ist doch nicht zween,

sondern

sondern ein Feuer, oder in zweyen Qualitäten zu
verstehen.

31. „Und nach diesem Feuerange stehet die Seele,
„GOtt dem Vater zu; auch alle Eiferer nach der Ge-
„rechtigkeit und Wahrheit eifern aus des Vaters
„Zornfeuer.

32. „Die aber nach der Wurzel des Feuers blind,
„eifern, nennet Jacob Böhm Antichrist der Natur,
„welche GOtt gebrauchet, seine Kinder zu üben, und
„seine Zornwunder zu offenbaren, als die Brüder Jo-
„sephs, und die Pharisäer, samt den Schriftgelehrten
„gewesen sind. In diesem Menschen, wie in der
„zweyten Figur angewiesen worden, ist nur ein grim-
„mes Schwefelfeuer. ‟

33. Und dieses ist die Beschreibung der dreyen
Welten im Menschen, nach Leyb, Seel und Geist, und
eine kurze Erklärung dieser Figur.

34. Durch diese drey Welten stehet nun die Seele,
und ist an allen dreyen fest angebunden; und deren sie
sich mit ihrer Begierde und Willen einergiebt, deren
Knecht ist sie.

35. Diese drey Anfänge oder Welten sind in Adam
in einem gleichen Gewichte gestanden, und keine in der
andern offenbar gewesen. Die finstere Welt ist im
Feuer, und das Feuer im Lichte verborgen gestanden;

36. Und haben alle drey einen freudenreichen Geist
in das Paradies als im Gemüth, darinnen das Paradies und der himmlischen Sophie Wohnung offenbar
gewesen, ausgeboren.

37. Was dieses nun für einen lieblichen Geschmack, Geruch, Hören, Sehen und Fühlen im
Gemüth und ganzen Leib gegeben habe, kann ich nicht
beschreiben.

38. Der Leser muß nur in die Wiedergeburt mit Ernst eindringen, und zur Hochzeit des Lammes kommen, so wird er erfahren, was in der himmlischen Ehe umgehe, und hernach stille schweigen müssen, auch davon nichts antworten können.

39. Die zwey rücklings gekehrte Cirkel sind die zwey ewige Principia, oder Augen der Seelen, Liebe und Zorn, Licht und Finsterniß; davon Böhm in der ersten Seelenfrage zu lesen ist.

40. In welches Principium die Seele sich nun einwendet, darinnen stehet sie, und ist dem andern fremd; denn es stehet rücklings gegen demselben.

41. Und kann auch kein Mensch weiter sehen als in seine Mutter, und davon sprechen; ein jedes Principium führet seinen eigenen Verstand, wie weiter 29, 10. 11. zu sehen ist.

42. Wenn nun der Leser der Figur des ersten Capitels nachsinnen wird, so soll er gar leicht zum Verstand kommen können, wie GOtt in uns Menschen sich nach Zeit und Ewigkeit offenbare, und wie wir sein wahres göttliches Bildniß und Gleichniß nach und aus allen dreyen Welten formiret sind worden:

43. Aus nur an deme allein lieget, daß wir uns mit unserer Seele aus der gekränkten Vernunft umwenden, und unseren Willen und Begierde in den innigsten Liebigrund setzen.

44. Da der heilige Geist uns dann alsofort in unser Herz entgegen kommet, unsern Willen und Begierde küsset und umarmet, und uns wieder vor unserm lieben himmlischen Vater im verborgenen majestätischen Lichte durch JEsum, wie Joseph seinen Vater und seine jüngste Brüder vor Pharao, darstellet.

45. Welcher alsobald heranach erfreuet wird, daß sein verlorner Sohn wieder in Demuth zu Ihme ge-

kommen

kommen ist, und die äussere Natur mit den fünf
Sinnen sehr freundlich und empfindlich küsset, wie
solches allen wiedergebornen Kindern genugsam bekannt ist.

46. Man soll dem Leser auch angewiesen werden,
woher der Fall in solchem schönen Bilde seinen Ursprond
genommen, daß es lauterberges GOttes Wille gewesen sey, wie die Vernunft lehret; sondern Adams
eigene Schuld, der von GOtt sehr gut erschaffen,
und den freyen Willen empfangen hat, sich selbst zu
schwängern und fortzupflanzen.

47. Denn er hatte beyde Tincturen in sich, und
war eine männliche Jungfrau, mit Weisheit und Verstand angezogen, daß er aber Fische, Vögel und alle
Thiere herrschen, auch iedwedem nach seiner Eigenschaft Namen geben konnte, wie Moses Gen. r. s.
schreibet, und mit ganz deutlichen Worten den Fall
darstellet.

48. Nemlich, daß GOtt sprach: Es wäre nicht
gut, daß Adam alleine sey, Er wolle ihm eine Gehülfin machen.

49. So ist die Frage: Wie das, was GOtt gut
geschaffen, böß hat können werden; sintemal der Ver-
suchsbaum, neben dem Verbot, noch nicht ist offenbar
gewesen?

50. So müssen wir ja, vermöge Christi Eröffnung Luc. 14, 18. kai dieilen autois ton bion,
sagen, daß Adam gelüstet, die Lebendgeslalten getheilt-
let und in ein Weib geschieden zu haben, damit er allen Thieren gleich seyn möchte.

51. Massen solches auch gleich erfolgt, über daß
der GOttes erste Ordnung und Bildniß ist gewesen,
daß also der Fall nicht erst im Apsfebel zu suchen ist.

51. Denn obschon Adam mit seinem äussern Munde nicht von der verbotenen Frucht gegessen hat, so gieng doch seine Imagination so stark in den verbotenen Baum ein, daß er dadurch überwunden worden, und dem innern Kraftleben abgestorben ist, oder, wie die Schrift spricht, in Schlaf gefallen sey.

52. Nun wollen wir weiter nachforschen, woher denn die Lust zur Zertheilung der Lebensgestalten in Adam entstanden? So müssen wir sagen, daß sie aus den Originen oder Lebensgestalten selbsten in ihm erwachsen sey, und keinesweges aus GOtt, der eitel Liebe und gut ist, und kein Böses wollen kann.

53. Ich habe bereits im vorigen Capitel gemeldet, daß das Feuer unvermeidlich und gut sey, so lange es leuchte, erwärme und dem Menschen Dienste thue:

55. Also gleichfalls GOttes Zornfeuer nöthig, nützlich und gut sey, wenn es in unserer Seele in der Liebe und Demuth wie in GOtt brennet, und nicht aus seiner Ordnung schreitet.

56. Nun ist zwar das Zornfeuer ein Gebärer des Liebesfeuers oder Lichts, und ein Vater des Sohns: Wann aber der Zorn will übers Licht herrschen, und das unter sich werfen oder verschlingen, so entstehet Streit und Unordnung in den Essenzien des Lichts, und muß erlöschen.

57. Daß hernach das Feuer auch nicht mehr Wesen zu seinem Brennen hat, und eine Finsterniß wird, als ein Schwefel zu leben; wie es dem Teufel auch geschehen — gleich Gen. 1, 2. zu sehen, daß das finstere Wasser auf der Tiefe gewesen sey.

58. Dieses Zornfeuer, als das finstere Princi-pium, war nun in Adam der erste Beweger zur Lust, denn es stund in ihm im Lichte verborgen; wollte

aber

aber auch gerne offenbar und in eigener Macht wirkend ſeyn.

59. Der andere Begierer war der Spiritus Mundi, oder die Luſtſeele, die mit ihrer Wurzel im äußeren Principio ſtehet, welcher Adam ſollte ernähren
und eßen ziehen; von beyden inneren Leben aber
gleichſam verſchlungen war, und ihnen unterthan
ſeyn mußte.

60. Der wollte auch gerne offenbar ſeyn, und,
ein eigenes Regiment nach den äußeren Sinnen führen, jede Qualität in ſeiner Eigenſchaft zu empfinden,
zu ſchmecken und zu erkennen.

61. Das mittelſte, als das Lichtsprincipium aber,
ſtund im Weg, und führete in beyde andere die
Herrſchaft.

62. Dieſer Streit und Hunger nach dem Oberregiment war nun in Adams Seele, aber ohne Zwang;
Adam konnte ſie durch die Kraft des Lichtprincipii,
darinnen GOtt alleine GOtt genennet wird, wohl
bändigen.

63. Aber was that Adam? Er imaginirte ſo
lange in die irdiſche Sucht und Streit des Spiritus
Mundi, bis er endlich geſchwängert und überwunden, in Unmacht, als in Schlaf gefallen und zertheilet
worden iſt.

64. Wer dieſen Grund der Principien recht ver-
ſtehet und begreift, dem iſt auch alle Verborgenheit
der Schrift gar wohl vernehmlich.

65. Maßen auf dieſer Theilung der Principien
hernach auch dreyerley Menſchen ausgewachſen, wie
an den drey Söhnen Noä zu ſehen, davon die Welt
bevölkert iſt, und in dreyerley Lebensgeſtalten ſich
ausgebreitet hat.

E 3   66.

66. Und obschon vielerlei Geschlechte und Lebens-arten der Menschen in der Welt sind, darunter ein vermischtes Leben ist, so leben sie doch alle unter die-sen dreyen Principien, das ist, ein Principium hat in dem einen das Oberregiment vor dem andern.

67. Denn alle drey Principia in jedem Menschen, aber nicht alle drey wirkende, wehende und empfind-lich sind.

68. Wie es nun Adam gemacht hat, so machen wir es, leider, heut zu Tage allesamt, auch selbst die Wiedergebornen zum Theil nicht ausgeschlossen, und heucheln allen dreyen Principien.

69. Wir suchen das äußere Reich, trachten nach Geld, Gut, Ehre, guten Tagen und Wohlleben, dienen dem Geist dieser Welt, gehen in die Kirche und zum Abendmahl, und beten den Spiritum Mun-di in Blindheit aus Gebetbüchern an, daß er uns stogen und unsern ungerechtfertigten und vergänglichen Mammon bewahren wolle.

70. Dem Teufel dienen wir unter einem gleißen-den und scheinheiligen Mantel von Falschheit, Weisheit und Frömmigkeit, daß wir die Wahrheit nicht von Herzen sprechen, noch Finsterniß Finsterniß nennen dürfen, damit es uns nicht gebe, wie man im Sprichwort redet: Wer die Wahrheit geiget, dem schläget man den Zwelbogen um den Kopf.

71. Und wo wir ja oft gezwungen, um unsere Ehre und guten Leumuth zu retten, ans Licht treten müssen, so handeln wir so weltlich, daß uns Nie-mand ans Leder kommen möge; oder es heißt, wie sollen nicht andere richten und urtheilen, daß wir nicht wieder gerichtet werden; welches ja einen Schein von Frömmigkeit hat.

72. Damit bleibet der Teufel zugedecket, und seine
ferne

seine fromme Leute, die ohne Creuz sanft leben, ohne
Verfolgung gottselig seyn, und ohne Trübsal und Noth
GOttes eingehen wollen.

73. Dem lieben GOtt heucheln wir uns Himmelreichs willen; denn wir wollen doch auch gerne
selig werden, geben Ihm viel gute Worte, sprechen
von der Nachfolge Christi, machen mit rechtschaffenen
Christen Gemeinschaft, thun auch viel Gutes, daß
uns die Menschen preisen.

74. Und dessen, GOtt werde uns ohne Absterbung der Selbheit aus Gnaden in den Himmel hinein
nehmen, welches der Tod an seinem Ende gewiß machen wird.

75. Aber höre, GOtt fraget nach keinem Maul-
nachfolgen oder Schwätzen; sondern Er will Leib,
Seel und Geist, zum ewigen Eigenthum haben, und
daß wir dem Ebenbilde seines Sohnes JEsu gleichförmig seyn sollen, sowohl in dieser Zeit als dort in der
Herrlichkeit. 1 Joh 3.

76. Denn der Knecht ist nicht besser als sein Herr,
haben sie den HErrn einen Beelzebub geheissen, so thun
sie es auch seinem Knecht.

77. Und muß bekennen, daß ich in meiner Zeit
sehr wenig gekennet, welche mit der Frauen, Apoc. 12.
auf den Mond getreten, und GOtt ein Stück Brod
zugetrauet haben.

78. Denn obschon kein näherer Weg ist, von
aller Eigenheit los zu kommen, und aus des Menschlichen Regiment erlöst zu werden, als durch den Weg
der Armuth Christi; so schämet sich deren doch fast
Jedermann, verachtet solche Menschen, oder achtet
sie für pharisäische Grillen, die vor andern was sonderliches seyn wollen, und meinen, man könne ohne

F 4   solche

solche gäntzliche Entblößung nicht zu dem Himmel kommen.

79. Ich wünschte aber von Herzen, daß alle Menschen Christo in allem gleichförmig zu werden, und Ihn als ihren liebsten Bräutigam über alles hertzlich zu lieben trachten möchten; sie sollen gewißlich Christi Armuth mit Freuden umarmen, und GOtt ewig dafür dancken.

80. Denn derselbe für seine arme Christen selbst Sorge träget, ihnen seinen allerheiligsten Glauben ins Hertz giebet, und sie nicht betteln läßet.

81. Der meine Gebote hat, und dieselben hält, der ists, der mich liebet; und der mich lieb hat, wird von meinem Vater geliebet werden, und ich werde ihn lieben, und mich ihme selbst offenbaren, lehret Christus Joh. 14, 21.

82. Wo keine Liebe zu JEsu im Hertzen brennet, da ist auch keine Lust noch Begierde zur Nachfolge, auch keine Kraft im Willen, GOtt und seinen heiligen Geist und dessen Regierung zu bitten, dieweil Er uns eben aus der Welt und aus uns selbst ins Leben JEsu Christi einführet.

83. Dafür unsere Natur sich entsetzet, wie wir an Christo selbst sehen, als er am Oelberg in unserer Menschheit mit GOttes Zorn gerungen. Und daher kommet auch, daß so wenig selig werden, weil sie ihr irdisches Leben mehr als Christi Leben lieben.

84. Gleichwie nun die Liebe zum Irdischen den Menschen karg machet, daß er keine Mühe, Arbeit, Gefahr, Kummer noch Sorge achtet, nur den zeitlichen und ungerechten Mammon, Ehre, Pracht und Wollust zu erlangen;

85. Also machet die Liebe zu JEsu einen Christen karg, alles Leiden, Creutz, Armuth, Verfol-

gung und Trübsal aufzunehmen und Ihm völlig nachzutragen.

86. Denn die Liebe macht Christi Joch und Last
sanft und leicht; die Liebe verteeibet alle Furcht,
Angst und Zagen, und erwecket stets eine neue Begierde nach mehrerm Leiden.

87. Denn der Mensch empfindet immer Trost,
Freudigkeit und Kräfte im Herzen, und erfähret, daß
GOtt nimmer verlässet; sondern aus Hölle, Tod und
Noth reisset und rettet, auch einen Sieg nach dem
andern giebet.

88. Wenn auch einer schon Glauben hätte, und
könnte Berge versetzen, hätte aber diese Liebe nicht in
ihme, so wäre er nur eine klingende Schelle. Diese
Liebe ist mächtiger als der Tod, die keine Wasserströme
ersäufen können.

89. Und wo du sie in dein Herz bekommest, und
damit in deiner Seele angezündet wirst, so siehe
wohl zu, daß du sie nicht wieder auslöschen oder
dir verschlingen lässest, denn der Teufel hungert auch
darnach.

90. Darum will ich dir nun den Grund zeigen,
wie es in der Wiedergeburt zugehe, und ich selbst es
fahren habe: Wann die Seele sich mit dem verlornen
Sohn einwärts kehret, und wieder an ihres Vaters
Haus zu gedenken beginnet, so hat sie ja keine Kräfte
noch Vermögen fortzumachen: Adam hat sie verdublet.

91. Es kommet ihr aber Christus mit seinem
Geist alsobald zu Hülfe ins Herz, und zündet die Lebensgestalten der Seele an, daß das Lichts-primcipium,
welches bishero in ihr unbeweglich und verborgen gewesen, wieder in ihr rege und empfindlich wird.

92. Dadurch die Seele Kräfte empfähet, sich
auf den Weg zu machen, und im Gebet zu GOtt zu

F 5   nahen

nahen; stehet aber noch im finstern Cörper, und kann
ihre eigene Liebe und eigenen Willen noch nicht erkennen, noch sich gründlich bemüthigen, oder in GOttes
liebsten Willen ergeben:

93. So zündet Christus mit seinem Nachstrar das
magische Feuerauge an, (welches der Teufel in Adam
ermordet, und den Zorn empor geführet) daß es in der
Liebe hell brennend, und im Herzen liebscheinend, auch
die Seele durchstralet und durchglühet wird.

94. Da siehet sie erst ihre heßliche Gestalt, wie
sie an hundert thierischen Eigenschaften voll ist. Ach
wie jammert sie, wie schreyet und weinet sie! und
sollte wohl durch ein Mausloch kriechen, obschon Haut
und Haar zurück bliebe.

95. Ja sie sollte sich selbst entkleiden, so es in ihrem Vermögen wäre, damit sie nur mit ihrer himmlischen Sophia möchte überkleidet werden.

96. Ach! welche Gelübde thut sie, welche Treue
gelobet sie an! Ja sie nimmet ihr für, sich um ihrer
lieben Braut willen geistlich zu beschneiden, und alles
Irdische zu verleugnen, alles Creuz willig aufzunehmen, in Tod und Noth nachzufolgen, mit Leib, Seel
und Geist ganz eigenthümlich und bis ans Ende treu
zu bleiben.

97. Welches die liebe Sophia von ihrem Bräutigam mit Freuden anhöret, und ihn inniglich küsset,
ihre Wesenheit der Seelen anziehet, und alle Sünde
zudecket.

98. Wann man die Seele eine Zeitlang mit ihrer lieben Braut im Rosengarten gespaziert, und
ihr allerhand schöne Blümlein und Kraftsprüche in
ihr Herz gesammlet, so nimmt die liebe Braut ihren
lieben Buhlen, als die Seele, aus dem ganzen Leibe
zusammen.

99. Da siehet sie als eine feurige Kugel (besiehe die dritte Figur, und betrachte das majestätische Wunderauge J. Böhms) aus, und tauchet sie in das feurige Meer ein, (wie es mir auch in fünf Tagen fünf mal nach einander widerfahren, als ich Abends im Gebet war; da sahe ich, daß es in der Mitten crystallinisch-blau, wie der helle Himmel, aber ein feuriges Wasser war, welches über die Seele als feurige kleine Wellen hinspielte; den lieblichen Geschmack und Empfindung kann ich nicht ausdrucken.)

100. Und taufet die Seele mit seinem heiligen, magischen Feuer, auch mit seinem heiligen Geist im Herzen, wie bereits oben § 36. gemeldet, und führet sie in die Fleischeswölben, daß sie vom Teufel im Spiritu Mundi versuchet werde.

101. Da gehet erst der rechte Ernst an: Denn die Braut ziehet sich in ihr Principium ein; so kommet der Teufel in einer Engelsgestalt, und spricht zu ihr: Warum bist du so bekümmert? mache aus Steinen Brod; du hast grossen Glauben, und weist es selbst nicht.

102. Wenn denn die Seele in der Demuth gehet, ihren Hunger ins Verbum Domini setzet, so weichet er, und ziehet eine andere Larve an, misset der Seelen grosse Kräfte zu, daß sie etwas sonderliches wäre, und von GOtt beruffen, grosse Wunderwerke in der Welt auszuführen.

103. Wo nun die Seele in Demuth sich GOtt ergiebet, was der mit und durch sie wirken wolle, so muß er auch abweichen.

104. Aber er kommet in einer hitzigen Schlangengestalt, und stellet der Seele im dritten Principio

Reichthum und Geldgewinn, Ehre und äusserlichen
Beruf, auch reiche Heyrathen für.

105. Welche nicht anders, als ob sie von GOtt
selbst, ohne einige Begierde und Suchen des Menschen,
vom Himmel zugeschicket scheinen, daß die Seele oft
selbst in grosse Verwunderung drüber siehet, und gar
manche drinne verstricket und gefangen worden sind,
welche hernach eben großen Verlust nicht genug haben
beklagen können.

106. Welches im folgenden Capitel weitläuftiger
ausgeführet, und hier nur zu dem Ende angeführet
wird, damit der Leser zur Fürsichtigkeit und fleißigem
ernsten Gebet ermahnet werde, und ja nimmer auf
seine Eigenheit sich verlassen, oder denken möge,
wann er von GOttes Geist ergriffen worden, daß er
schon überwunden, und seine Feinde unter seinen Füß-
sen habe.

107. So lange das Eisen im Feuer liegt, bleibet es durchglühet; also auch die Seele, wann sie in
der Liebe JEsu bleibet, empfindet sie allezeit Kräfte,
und ist eigenmächtig, den Versucher zu überwenden,
und alles Creutz zu tragen.

108. Wann sie aber davon auswachet in die Vernunft, und in des Versuchers Vorstellungen maquil-
ret, so wird sie alsobald geschwängert, und mit erbli-
scher Lust befangen, welche Begierde erwecket, und
den Willen zum Werk treibet, daß vielmal aus der
allertieffsten Liebe die größte Bitterkeit und Grimmigkeit, und aus lieben Brüdern bittere Feinde und Ver-
folger werden können.

109. Welche hernach dasjenige, was sie vorhin
mit Hand und Mund Himmelhoch gepriesen, und in
Wahrheit empfindlich bezeuget haben, in die unterste
Hölle stossen, und für falsch, Fantaste und Verwun-
gen

gen ausführen sollen; wie ich leider mit großer Be-
trübnuß erlebet habe.

110. Darum muß ein anfangender Schüler,
wann er von seiner werthen Sophia einen Kuß in
seiner Seele empfangen hat, sich für Siegen fleißig
hüten, und ja nicht rathen, daß er gleich zum Bey-
lager kommen werde, ehe er Schulrecht gethan; und
den Fürsten der Grausamkeit oder rothen Drachen überwunden und in ihme gebunden werde haben.

111. Denn der Teufel machets gleich wie die
Soldaten, welche eine Bestung blind anstürmen; ob
sie schon vielmal abgeschlagen werden, und ihr Leben
dabey lassen müssen, sie hoffen doch endlich den Beschir-
mer abzumatten.

112. Darum muß ein ernster Werber nicht faul,
kurzen und schlafen; sondern stets auf seiner Hut seyn,
auch in steter Furcht leben, und alles, was ihm der
Teufel im Spiritu Mundi vorstellet, oder auch schon
göttlich zu seyn scheinet, und eben nicht wider den
klaren Buchstaben der Schrift anlaufft, für lauter
Versuchungen ansehen, dieselbe ohne Speculirung geschwind abweisen.

113. Und ob schon in ihme vom Spiritu Mundi
eine lautbare Einsprache geschähe, ja sein Gebott
darin verleben, sondern fleißig dagegen bitten, und
sein einiges, bestes, unveränderliches Vornehmen seyn
lassen, seinen JEsum und liebste Braut nimmermehr
zu verlassen;

114. Sondern lieber alles, ja sein eigen Leben
zu hassen, und was ihn von dieser himmlischen Liebe in
eine creatürliche Liebe verleiten könne, gänzlich zu
sterben und zu meiden.

115. Hätte ich solches nicht mit großem Ernst:
über

über 30 Jahr lang practiciret, würde ich zu dieser
Gewißheit, worinne ich durch GOttes Gnade stehe,
nimmer gekommen seyn, und der Teufel Christi und
aller seiner lieben Kinder gespottet, auch meine Seele
wieder in sein finsteres Gefängniß, daraus mich Christus mit seinem Blut und Tod gnädig geführet, ver-
schlossen, und mir mein schönes Perlein wieder ge-
dunkelt haben.

116. Es ist aber besser, das irdische Leben, als
Christum verlieren; Es kann uns dafür das ewige
Leben geben

117. Das Leben JEsu Christi ist dem natürlichen
Leben dieser Weltregel recht contrar; darum ist
Er auch in seinen Kindern allen natürlichen Menschen
fremd.

118. Maßen Christus Matth. 25. solches selbst
anweiset, da der Reichen sprechen und antworten:
HErr, wenn haben wir dich hungerig oder durstig,
krank, nackend oder gefangen gesehen?

119. Denn was der natürliche Mensch liebet,
hasset ein Christ; Was die Weltmenschen besitzen,
verleugnen die Christen.   Denn ihr Wandel ist im
Willen oder Gemüthshimmel, bey GOtt und allen
heiligen Engeln.

120. Sie suchen nur GOttes Reich, und was
droben ist, bekümmern sich nicht mit Nahrungshän-
deln, suchen auch nicht Schätze, darnach die Diebe
graben. weniger sorgen sie, was sie essen, trinken,
oder an Leib ziehen sollen, ob ihnen schon, wie allen
Menschen, der irdische Leib anhanget.

121. Darum werden sie allenthalben für thöricht
und unsinnig, ja als Mörder ihres Lebens angesehen,
welche GOttes Gaben, zum täglichen Nutz und Gebrauch geschaffen, verachten, und nur eine annäh-

verderbliche und schädliche Pest in guten wohlbestellten
Republiquen sind;

122. Die Niemand Nutzen schaffen, nur den
guten Vorrath verzehren, und anderen guten Menschen
hinderlich und schädlich seyn; der Reichen Schweiß
und Blut einschlucken, und mit Müßiggang und
sündlicher Faulenzerey anderer Dürftigen Nothdurft
verprassen;

123. Mit denen man nach Pauli Vermahnung
nicht einmal zu schaffen soll haben, 2 Thess. 3, 14.
Dieweil sie auch andere mit ihrer giftigen Lehre anste-
cken, und der Armen so viel machen, daß die Reichen
selbst nicht sollten ihre Nothdurft genießen können;
wo sie alle Armen unterhalten sollten.

124. Welche harte Speisen einem armen christlichen Dingen ja gewaltig unverdaulich seyn, muß aber
doch damit vorlieb nehmen, und denken, der Knecht
ist nicht besser als sein Herr.

125. Haben sie den HErrn in der Welt nicht erkannt, wie sollten sie denn seine arme verachtete Glieder erkennen, die voller Gebrechen; und mit einem
irdischen finstern Leib, wie alle Menschen, bekleidet
sind? Es gehören andere Augen dazu, einen armen
Christen zu erkennen.

126. Wenn GOtt einen Menschen aus der Welt
treibet, und von seinem Acker und Pflug in Christi
Leben und Nachfolge hineinwärts ruffet, so muß
der Mensch sich äusserlich ganz blind, taub und stumm
halten;

127. Und ja mit seinem Vernunftsinn nicht nach
dem gemeinen Lauf der Welt, welcher in einem ganz
eigenen und dem Leben JEsu fremden Regiment stehet,
mitlaufen; er kann gar leicht und geschwind geschwä-
tzet und verketzert werden.

128. Sondern er muß nur sein innwendig Auge auf seinen Vorgänger und Leitsmann JEsum im Herzen wenden, und genau acht haben, wie derselbe in der Seele wollen, wircken und gehen wolle.

129. Und sich sehr hüten, daß er Ihme nicht im Willen aus einer guten Meinung verlaufe, wodurch manche Seele vom Satan verruckct worden ist; er muß nur nachfolgen.

150. Und obs seine Vernunft schon besser zu verstehen meinet, oder ihr dünket, daß es mit dem Buchstaben der Schrift nicht übereinkomme; dieweil der Geist GOttes die Schrift versiehet wie Er will, nicht wie es die Vernunft begreift, die allezeit nur aufs Fleisch siehet.

151. Und obs deiner Vernunft etwa anstößig möchte scheinen, so ergreiffe das Gebet, und bitte um Oeffnung des göttlichen Verstandes und Willens, daß GOtt dich in seinem Lichte leiten wolle, damit du im Finstern sehen und dem Geist in der im Willen nachfolgen könnest.

152. Denn du mußt oft im Glauben gehen, da nichts zu sehen ist; und kannst nicht besser thun, als daß du nur deinen Willen GOtt ergiebest, und Ihn lässest gehen wie Er will.

153. Ein solcher Mensch ist nun ein wahrer Tempel des Dreyeinigen GOttes, in welchem der Vater die stammende Liebe, und der Sohn das schöne helle Licht im Herzen ist, daraus der heilige Geist ausgehet zu die ewige Weißheit.

154. Welcher der Seelen Gehülfin ist, darinnen sie sich geistlich schwängert, und geistliche Gebeter, Fürbitten, Worte und Lehren in anderen Seelen aus gebieret.

135.

135. Denn die Seele wird mit Christi Weisheit bekleidet und angezogen, mit dem heiligen Geist gesalbet, und mit dem göttlichen Liebesfeuer getaufet, und ist ein melchisedechischer Priester GOttes.

136. Darinnen JEsus essentialiter der Gnadenstuhl in seinem geistlichen Blut, und in seinem seelischen Geist der wahre Fürsprecher und Fürbitter bey GOtt unserm himmlischen Vater ist.

137. Und in seinem Blut und Tode muß die Seele sich als ein Anathema von Christo für ihre sündige Brüder aufopfern; es sey gleich, daß sie im Leibe noch wallen, oder abgeschieden sind, und am Faden hangen.

138. Welchen ein gläubiges Gebet doch nöthig ist, wie mich mein treuer Heiland selbst darzu angetrieben; obs mir schon anfänglich auch ganz fremd und widerlich gewesen, weil ich also in Schulen unterwiesen worden.

139. Allein mein treuer Führer eröffnete mir den Verstand aus oder in den Worten Christi Luc. 16, 9. Machet euch selbsten Freunde mit dem ungerechten Mammon, daß, wenn ihr mangeln werdet, sie euch aufnehmen in die ewige Hütten.

140. Dieses kann nun nicht ohne unablässiges Beten practiciret werden; darinnen der Seelen Willensgeist immer mit seiner Imagination in die feurige Liebe JEsu eindringet, um Gnade und Barmherzigkeit rufet, und mit dem entzündeten Zornquell GOttes in seinen unwiedergebornen Brüdern ringet.

141. Welches ein heftiger ernster Kampf ist, in welchem keine Seele ohne den Held JEsum im Streit bestehen könnte.

142. Gleichwie nun die Priester im alten Testament, welche den Dienst im Tempel wahrgenommen,

G

sich heilig, rein, unbefleckt und keusch halten musten, damit GOttes Zorn in ihnen nicht selbst erreget möchte werden, und sie im Heiligthum vor GOtt bestehen könnten;

143. Also wird es in diesem melchisedechischen Priesteramt des neuen Bundes vielmehr erfordert, dieweil der ganze Gottesdienst geistlich, und eine völlige Verleugnung aller irdischen Liebe nöthig ist.

144. Denn die theure Liebe der himmlischen Sophia ist überaus feurig gegen der Seele, und will auch von der Seele wieder vollkommen geliebet seyn.

145. Nun stecket eben in dem irdischen Beyschlaf die Turba, daraus im Samen der Streit der dreyen Principien entstehet, und welche das schöne Licht in der Seele immer verdunkelt:

146. Dadurch dann die himmlische Sophia in ihr Principium sich einschliessen, und ihren Bräutigam in Schmach und Trauren draussen stehen lassen muß:

147. Wie wir dann getraute Männer selbsten bekennet, daß sie in vielen Lagen zu keinem Gebet kommen können, und sich geschämet haben, ihre Augen gegen GOtt aufzuheben.

148. Der Leser wolle selbst nachdenken, warum die Kinder Israel, als sie vor dem Jehovah am Berge Sinai erscheinen sollten, Exod. 19. sich nicht zu ihren Weibern haben nahen dürfen; und obgleich, als David zu Nob kam, und ihn um Brod ansprach, ausdrücklich fragte, ob seine Männer sich von Weibern enthalten hätten? 1 Sam. 21.4

149. Denn der zu GOtt nahen, und eine freie Vertraulichkeit mit Ihm zu pflegen in sich haben will, muß sich für aller Befleckung bewahren, und

ein

sein Gewissen rein haben, daß sie Teufel oder GOttes
Zorn an seiner Seele nicht Ausbruch habe, und ihme
GOttes Angesicht oder Licht zudecke.

150. Welches ich aus Erfahrung schreibe, und
darum dem Leser anzeige, daß die fleischliche Liebe der
Liebe JEsu sehr zuwider sey, die ihn auch ganz untüchtig zum Fasten und Beten machet, 1 Cor. 7.

151. Und soll der Leser nicht denken, daß ich auf
eine äusserliche, vollkommene Heiligkeit und eigene
Gerechtigkeit, die vor GOtt nichts gilt, ziele; keinesweges: Denn wir sind allesamt in Sünden empfangen
und geboren, und tragen einen sterblichen Leib in noch,
der voller Gebrechen ist.

152. Sondern ich sehe auf den innwendigen Menschen, als den wahren Tempel GOttes, daß man der-
selbin kein fremd Feuer vor GOtt bringen soll, sondern
allen Gedanken, die nicht Liebe JEsu und GOttes
Feuer ist, versuchen muß, dieweil kein ander Feuer in
GOtt ist, noch eingelassen wird, auch den creatürlichen Zorn nichts als allein die Liebe und Licht löschen
und sänftigen kann.

153. Der innwendige Mensch stehet mit seiner
himmlischen Sophia in einer heiligen und verborgenen Ehe, und darf nicht einen untreuschen Gedanken
einlassen und beherbergen, sondern muß gleich darwider
streiten.

154. Wie sollte denn ein Untreuscher im Allerheiligsten des innern Menschen bestehen können? Sintemal GOtt auch ein eiveiger, jalousir GOtt ist, der
allein über alles geachtet seyn will.

155. Wer in die Hölle und Tod eindringen, und
mit dem Fürsten der Grimmigkeit kämpfen will,
wie es denn nicht anders seyn kann, soll der starke
Gewapnete gebunden werden, der muß die obrigkeit

!Waffenrüstung anziehen, und sich wider den ersten
Gegenstand des Zornquells mit einer feurigen Liebe
GOttes und des Nächsten wohl verstehen.

156. Sonsten bliebe er lieber ab, und stehe solchen von GOtt ergriffenen Streitern lieber mit äusserlicher Rechtauris nach seinem Vermögen bey; so wird
er auch von GOtt Lohn empfangen.

Das fünfte Capitel.

Vom Streit Michaels und des Drachen.

1.

Dieser geistliche Streit zwischen Liebe und Zorn,
Licht und Finsterniß, Ja und Nein, hat sich
bereit im Himmel vor der sichtbaren Welt Schöpfung
in Lucifers creatürlichen eigenen Willen erhaben:

2. Welcher sich von seinem Ursprung als der
ewigen Liebe abgebrochen, in ein eigen Wollen, Wirken und Formen eingeführet, und wider GOtt und
seinen Sohn der Liebe streiten, auch seine andere
Mitbrüder, die liebe Engel, neben sich zum Abfall
von der Liebe zwingen wollen; welche aber gesieget
haben.

3. Und Lucifer mit seinen Engeln aus dem Himmel
h auf die Erde geworfen worden ist, wie Johannes im
Apoc. 12 Capitel eröffnet.

4. Da dann dieser grimmige Zornfürst sein Heil
hernach an Adam, welcher an seine Stelle zum Thron-
fürsten

fürsten und menschlichen Hierarchen in diesen Ort- und
Thron geschaffen worden, versuchet, und auch ihn
zum Abfall und Ungehorsam gebracht.

5. Daraus denn sowohl in- als ausser dem Menschen in der Welt Streit, Krieg, Mord, Feindschaft,
Elend und Jammer, Noth und Tod erwachsen, wie
vor Augen ist, und mit blutigen Thränen nicht genug
beklaget werden kann.

6. Es ist dieser geistliche Streit aber so verborgen und fremd, daß Niemand ihn begreifen kann, als
der selbst darinnen gewesen, und Schiffbruch gethan
hat, wie aus folgendem wird zu ersehen seyn:

7. Mag auch keiner in Wahrheit den Namen eines rechtschaffenen wahren Christen führen, der in diesem Streit nicht vielmalen unterlegen, und wieder
aufgestanden, auch in der Kraft JEsu seine und Christi Feinde überwunden, gebunden, und im Sieg JEsu
davon getragen hat.

8. Dieweil nun das höchste Gut ein liebreiches,
freundliches, holdseliges, demüthiges und sittes
Wesen ist, in deme keine Finsterniß, Angst, Pein,
Streit und Widerwille ist; wie auch nicht sagen
können, daß GOtt ein Contrarium geschaffen, einmal der Lucifer sowohl ein schöner Thronfürst im Himmel, als Adam auf Erden im Paradies gewesen:

9. So wollen wir unsrem Leser unser Licht leuchten lassen, und ihme unsere Erfahrung mittheilen;
Ermahnen aber unsern geneigten Leser, daß er das
Gebet ergreife, und GOtt um seinen heiligen Geist
ernstlich anruffe; ohne dessen Erleuchtung wir ihme
doch versiegelt und unverstanden seyn werden.

10. Weil in heiliger Schrift etliche dunkle Re-
densarten sind, welche einer guten Erläuterung wohl

nöthig

nöthig hätten, so fasset die unerleuchtete Vernunst solche mit grossem Unverstand zu ihrem Vortheil auf.

11. Und philosophiret von dem guten GOtt daß Er ein Urheber der Bosheit und Greuels, auch des Falls Lucifers und Adams Ursacher sey, einen zur Seligkeit, den andern zur Verdammniß verordnet habe.

12. Und machet also aus dem guten GOtt einen puren Teufel, wie solches aus ihren Schriften und blinden Schlußreden genugsam bekannt ist; da doch GOtt Liebe ist, und in Ewigkeit nichts anders als Liebe wollen kann.

13. Nun ist wohl nicht ohne, daß kein Ding in ihm selber ohne Widerwärtigkeit mag offenbar werden; auch so keine Widerwärtigkeit im Leben wäre, so wäre auch keine Empfindlichkeit noch Wollen, weder Verstand noch Wissenschaft darinnen.

14. Denn ein einig Ding weiß nichts mehr als Eines; und ob es gleich in sich gut ist, so kennets doch weder Böses noch Gutes, weil es nichts in sich hat, das es empfindlich machet.

15. Also können wir gleichfalls vom Willen GOttes philosophiren und sagen: Wann der verborgene GOtt, welcher nur ein einig Wesen und Wille ist, sich nicht mit seinem Wesen aus sich aus der ewigen Wissenschaft in der Gleichheit in Schiedlichkeit zu einem natürlichen und creatürlichen Leben nicht in eine Infaßlichkeit eingeführet, und daß dieselbe Schiedlichkeit im Leben nicht im Streit stünde; wie wollte dann der verborgene Wille GOttes, welcher in sich nur Einer ist, ihme offenbar seyn?

16. Wo in dem einigen Willen aber eine Schied-lichkeit, auch in dem Abgeschiedenen ein eigener Wille

iſt, und alſo zu einem einigen Willen ungründliche und
unzehlbare Willen entſtehen, wie die Zweige aus dem
Baume;

17. So ſehen und verſtehen wir, daß ſich in
ſolcher Scheidlichkeit ein jeder abgeſchiedener Wille
in eine eigene Form einführe, und daß der Willen-
ſtreit um die Form iſt, daß in der Theilung nicht eine
Form wie die andere iſt, da ſie doch alle in einem
Grund ſtehen.

18. Gleichwie nun das Böſe oder Widerwille
den guten Willen urſachet, daß er wieder nach ſei-
nem Urſtand als nach GOtt dringe und begehrend
werde: (Denn das in ſich nur gut iſt, und keine
Quaal hat, das begehret nichts, weil es nichts deſ-
ſen in ſich oder vor ſich weiß, darnach es könnte
lüſtern:)

19. Alſo kann man auch von dem einigen guten
Willen GOttes ſagen, daß er in ſich ſelber nichts
könne begehren; indem Er nichts in, oder in ſich hat,
das Ihm etwas geben könnte.

20. Weßhalben Er ſich aus ſich in eine Scheidlichkeit ausführet, daß in dem Untergeſloſſenen eine
Widerwärtigkeit entſtehe, und das Gute im Böſen
empfindlich, wirkend und wollend werde; ſich nemlich
von dem Böſen ſcheiden, und wieder in den einigen
Willen GOttes eingehen zu wollen.

21. Weil des einigen ewigen Willens GOttes,
Ausfluß oder innerer zu ſeiner Offenbarung aus
ſich ausgehet, ſo gehet und fließet auch die göttliche
Kraft aus dem Ewigen Einen in die Scheidlichkeit und
viele Centra mit aus,

22. Und urſachet das Gute in ihme mit ſeiner
Bewegung, daß es wieder nach dem Gutleben ſich
ſehnet, und in das Ewige eindringende begehrende

wird: Und in solcher Wirkung stehet die Empfindlichkeit, Erkenntniß und das Wollen.

23. GOtt, so weit Er GOtt heißet, hat nichts
vor oder nach Ihme, das er wollen könnte: wo Er
aber etwas will, so ist dasselbe von Ihme ausgeflossen,
und ist ein Gegenwurf seiner Selber, darinnen der
Wille in seinem Etwas will.

24. Wo nun das Etwas nur Eines wäre, so
hätte der Wille darinnen kein Verbringen; und darum
hat sich der ungründliche Wille im Anfang geschieden,
und in Wesen eingefaßt, daß er in Etwas möge
wirken; wie man ein Gleichniß am Gemüthe des Menschen hat.

25. Wenn das Gemüthe nicht selber aus sich
ausflöße, so hätte es keine Sinnen; wo es nun keine
Sinnen hätte, so hätte es auch keine Erkenntniß seiner selber, noch eines andern Dinges, und könnte keine Wirkung noch Vollbringen haben.

26. Der sinnliche Ausfluß aus dem Gemüthe machet das Gemüth wollende oder begehrende, die Sinnen
in eine Ichheit einzuführen; darinnen das Gemüth
mit den Sinnen wirket, und sich selber in dem Wirken
mit den Sinnen offenbaret und beschauet.

27. Wo nun alle Sinnen nur ein Sinn wäre,
so hätten sie auch nur einen Willen, und thäten immer nur ein Ding: Wie wollten die Wunder und
Kräfte göttlicher Weisheit durch das Gemüth erkannt
und in Figuren gebracht werden?

28. Weil aber ein Contrarium, als Licht und
Finsterniß darinnen ist, so ist ihme das Contrarium
selber widerwärtig, und verursachet dadurch immer
eine Eigenschaft die andere, sich in Begierde einzufüh-
er w.

ern, wider die andere streiten und sie beherrschen zu,
wollen.

29. In welcher Begierde die Sinnen und das
Gemüth in einen natürlichen und creatürlichen
Grund zu einem Wollen eingeführet wird, als zu ei-
ner Beherrschung in seinem Etwas, als mit seinem
Sinn des Gemüths über alle andere herrschen zu
wollen.

30. Daher Streit und Angst, auch Widerwillen im Gemüth urständet, daß das ganze Gemüth
dadurch geursachet wird, wieder in eine Zerbrechung
der Sinnen und Selbstwollens der Sinnen einzugehen, und sich in GOtt, daraus es entsprungen ist,
einzuführen.

31. Hieraus entstehet Glaube und Hoffnung, daß
das ängstliche Gemüth einer Erlösung hoffet, und
sich wieder nach seinem Ursprung, als nach GOtt
sehnet.

32. Also ist auch die göttliche Offenbarung zu
verstehen; denn alle Dinge haben ihren ersten Anfang
aus dem Ausfluß göttlichen Willens, es sey Bös oder
Gut, Lieb oder Leid.

33. Und da doch der Wille GOttes kein Ding
ist, weder Natur noch Creatur, darinnen keine Pein,
Leid noch Widerwillen ist; sondern aus dem Ausfluß
des Worts ist das Verständniß und Erkenntniß ge-
flossen.

34. Und derselbe Ausfluß ist ein Anfang des
Wollens, da sich die Verständniß in Gestalten ge-
schöpfet hat. So sind die Gestalten in sich begehrende worden, einen Gegenwurf ihrer Gleichheit zu
haben:

35. Und dieselbe Begierde ist eine Infaßlichkeit zur
Selbst-

ſeligkeit, als zum Etwas geweſen, welches ſich zu einem eigenen Boden eingefaſſet hat.

36. Und dieſe eigene Wille iſt nun der Grund ſeiner Seligkeit, der ſich als ein begehrender Wille ein- ſchleußt, auch ein Grund der Finſterniß und des pein- lichen Empfindens iſt:

37. Und der Natur-Grund, daraus der Viel- heit der Eigenſchaften kommet, daß in ſolcher Wider- wärtigkeit ein Wille aus dem andern entſtanden iſt, ſich vom Seinen zu ſcheiden.

38. In ſolchem Aushauchen der göttlichen Kräf- te in Natur und Creatur ſind nun zweyerley Wil- len in einem Weſen zu verſtehen, als der göttliche Wille außer Natur und Creatur, welcher ſich alſo nur in eine Empfindlichkeit und Wirkung zur Offenbarung der Kraft, Farben und Tugend ein- führet.

39. Und dann der anfängliche Wille der Natur, welcher ſich in eine Stätte zur Jaheit und Selbſt- wollens einführet, als ein eigen Gemäld, daraus die Ungleichheit des Wollens urſtändet, in welchen beyden ein Contrarium entſtehet.

40. Denn der inwendige Wille begehret nur ei- nen Gegenwurf ſeiner Gleichheit, als ein Gutes, dar- innen der gute ausgeſloſſene göttliche Wille wirke und ſich offenbare.

41. So begehret derſelbe erborne eigene natürli- che Wille auch eine Gleichheit durch ſeine eigene Inſaßlichkeit, dadurch er ſich materialiſch und finſter machet.

42. Und werden alſo in dieſer Welt Weſen alle- zeit zwey ihrer Wegen in Einem verſtanden, als ein Ewig- Göttlich und Geiſtliches, und dann ein anfänglich-

natür-

natürlich, zeitlich und zerbrechliches in eigenem Willen; da zweyerley Wesen in Einem Leben innelegen, ein anfänglicher natürlicher, und ein ewiger geistlicher Wille.

43. Und werden diese zwey Willen oder Wesen in zweyen Principiis verstanden, wie der Leser in vorgestellten Figuren sehen kann.

44. Aus diesem eröfneten Grund kann man der Vernunft nun klar zeigen und antworten, daß der Fall Lucifers und Adams keineswegs in dem guten Willen GOttes; sondern in dem ausgeflossenen creatürlichen Willen seinen Urstand genommen; indem Lucifer seinen freyen Willen von der Gleichheit, als von der Liebe GOttes abgezogen, und in eine Eigenschaft geführet hat:

45. Da inband die Finsterniß in ihme rege worden, und ihre Gleichheit besessen hat.

46. Und dieser falsche Wille der Eigenheit ist nun der Satan und Teufel, die alte Schlange, der Lügner und Mörder, der die Welt vom Guten abführet, und der unsere Brüder vor GOtt Tag und Nacht verklaget, Apocal. 12.

47. Ist auch der feyrige Drache, mit welchem Michael gestritten hat, und ihn mit samt seinen Legionen aus dem heiligen Namen ausgeflossen.

48. Gleichergestalt ist auch Adams Fall beschaffen, der sich von des Teufels Schlangensprechen verleiten lassen, und seinen creatürlichen Willen in eigene Annehmlichkeit eingeführet hat:

49. Da zur Stunde kein Licht-Principium, als die Weisheit GOttes, in seinem falschen Willen verbrochen, und daß dritte Principium in der eigenen Eigenlichkeit, als die Quaal des Gesetzes und der vier Ele-

Elementen dagegen aufgewachet; davon der Leib grob und thierisch, und die Sinnen falsch und trüglich worden sind;

50. Und hat sich mit der eigenen Begierde finster, peinlich, streng, hart und rauch gemachet; und ist eine eitele Unruhe worden; lauffet nun in irdischer Kraft in einem ewigen Grunde, suchet in der Zerbrechlichkeit Ruhe, findet aber keine.

51. Diesem gefangenen Leben ist die grosse Liebe GOttes zu Hülfe gekommen, und hat sich alsbald nach solchem Abfall wieder in den unveränderlichen Tod, als in das erloschene Wesen göttlicher Eigenschaft, eingedrucket, und dem Leben zu einem Gegenwurf, als ein neuer Quellbrunn göttlicher Einigkeit, Liebe und Ruhe eingegeben.

52. Daraus nun das Leben schöpfen, und seine Peinlichkeit und Unruhe in den Centris der Eigenheit und Sinnlichkeit erlöschen mag.

53. Nun ist dem Leser in der ersten Figur des ersten Capitels angewiesen worden, wie der Mensch ein wahres Bild und Gleichniß GOttes sey, nach allem Wesen aller drey Principien, und daß GOtt ihme im innersten Grunde viel näher ist als ausser ihme über dem Gestirne:

54. Und nur an dem liget, daß er mit dem verlornen Sohn in seinem eigenen Wollen, Wircken und Leben sich fasse, sich vor seinem GOtt im innersten Grunde demüthige, seine Sinnen und Imagination in die Liebe JEsu setze, um Gnade und Barmhertzigkeit rufe, und nicht wieder aufhöre oder ablasse, bis er empfindlich erhöret sey.

55. Und ob es schon währete vom Abend bis an den Morgen, auch das irdische Hertz selbst widerspräche,

Die

ße, so wird er wohl erfahren, wie that der liebe, himmlische Vater wird zu Hülfe heraus eilen, seine Sinnen erquicken, sein Gemüth umarmen, und seinen Feuergrund mit Liebe küssen, und wieder anschaden, wo es nur ein rechtschaffener Ernst ist.

56. Ausser deme ist nur eine Spötterey GOttes, darzu GOtt beym Propheten saget? Dieses Volk nahet sich zu mir mit ihren Lippen, ihr Herz aber ist ferne von mir.

57. Von Natur sind wir alle Kinder des Zorns, ob wir schon in den Tod Christi getauft sind.

58. Der eigene Wille dringet in der blühenden Jugend erstlich durch und führet sein thierisches Leben in der Wunder des Gestirns und der Elementen ein, und lebet vollkommen im Trieb des Gestirns und der Elementen nach dem heidnischen Grund zu Gut und Bös, und ist in diesem Leben ein purer Teufel, Satan und feindseliger Drache, der in allem seinem Thun, Wandel und Fürnehmen GOtt widerstrebet;

59. Hat auch kein ander Auge als die Vernunft, und kann nicht weiter sehen als in die Ausgeburt dieser zerbrechlichen Welt: hat auch kein ander Licht als der Sonnen und Sternen, wie in der Figur des andern Capitels angewiesen ist:

60. Und wo der Mensch nicht umkehret, und seinen Willen darein ins Leben GOttes wendet, so verlischet ihme im Absterben das Sonnenlicht, und ist ein finsterer Stock.

61. Daher wan bey manchen Sterbenden so grosse Angst, Furcht und Schrecken für dem finstern Abgrund stehet.

62. So bald der Mensch aber seine Seele im Leibe umkehret, sich vom Vernunftlichen abbricht, und seine Sinnen hinein wendet, wird das ewige Wort ihme alsobald Kräfte einhalten, und der heilige Geist ihme in seine Vernunft einstrahlen.

63. Und das Verständniß der verborgenen Weißheit GOttes eröfnen, daß er gleich erkennen wird den allgemeinen Abfall der sogenannten Christenheit von dem Leben JEsu Christi, die Verwirrung der Sinnen im äusserlichen Gottesdienst, und den Babelbrei der vielerhand Religionen in der Welt um GOtt und den wahren Gottesdienst,

64. Welcher in einer umgelebten und neugebohrnen Seelen, die im Geist und Wahrheit GOtt in ihr selbst anbetet, Ihn schmecket, höret, fühlet und riechet, bestehet.

65. Er wird mit dem edlichen Liebesfeur getaufet und durchglühet, auch mit dem heiligen Geist gesalbet, und erneuret werden in Sinnen und Gemüth, auch aus denen Augen sehen können, und alle verborgene Weißheit GOttes verstehen, und aus einem Thiermensch ein Thierengel und wahres Bild JEsu werden, wie in den Figuren des dritten Capitels fürgemalet worden ist.

66. Er wird auch alsobald anderst gesinnet werden, hassen was er vorhin geliebet, und lieben was er gehasset

67. Er wird von GOtt erleuchtet werden, zu verstehen und zu erkennen, daß sein eigener Wille derjenige feurige Drache Apoc. 12 v. 13. mit welchem der innere Mensch in der Kraft JEsu streiten muß.

68. Und sein Gemüth und Sinnen zu keiner Ruhe in Christo kommen können, bis dieser rothe Drache der Eigenheit in ihme überwunden, gebunden

ben, Schon getragen und zu Christi Fußschemmel, im innern Menschen völlig geleget sey, daß er weder Kopf noch Schwanz weiter rühren könne, und dem Willen GOttes im innern Lichtsprincipio unterthan sey.

69. Von welchem Streit GOtt bereits zu unsern ersten Eltern gesprochen, Gen. 3. Ich will Feindschaft setzen zwischen dir, als dem Schlangenteufel, und der Frauen, und zwischen deinem Saamen und ihrem Saamen.

70. Welchen Streit auch der Geist JEsu Apoc. 12, fürbildet; der auch von Adam an bis hieher gewähret, und in den Glaubigen auch wohl bis ans Ende währen wird.

71. Weil nun dieser Streit geistlich ist, und so wohl innerlich zwischen Geist und Fleisch in den Synnen, als auch äusserlich zwischen dem Weibessaamen und dem Schlangensaamen geschiehet, so will ich dem Leser mittheilen, was mir der liebe GOtt ihnen zum Besten geben wird, und so weit meine eigene Erfahrung reichet.

72. Mein Christlicher Leser aber soll verständigt seyn, daß ich hier von wiedergebornen Gemüthern schreibe, die mit dem verlornen Sohn auf dem Weg nach ihres lieben Vaters Haus sind.

73. Der aber irdisch gesinnet, dem habe ich nichts geschrieben; er wird es auch nicht begreifen: Denn ein irrischer Mensch lebet nach den Lüsten des Fleisches, und weiß von keiner Uebung als von äusserlichen Zufällen.

74. Ein Wiedergeborner aber, der aus der falschen Fleischeslust als aus des Teufels Schulen ausbricht und seyne Sinnen bringt ins Allerheiligste, da GOtt wohnet, und der Seelen gegenwärtig ist,

setzet

geſetzet, der wird vom Teufel durch falſches Einſprechen
ins Gemüth, daraus eine falſche Imagination, wi-
dermärtige falſche Gedanken und Widerwillen entſtün-
det, verſuchet.

75. Denn das äuſſere Gemüth ſtehet bald in der
Finſterniß und bald im Licht, wie an den Figuren des
dritten Capittels zu ſehen;

76. Und muß viel Böſes in ſich wider ſeinen
Willen leben; und obſchon der Teufel in das Licht-
theil der Seelen nicht einſehen kann, ſo lauret er doch
in dem finſtern Theil auf des Willens Vornehmen,
machet eine Vermiſchung und Verwirrung im Rad
des Gemüths und der Sinnen, und hindert alles Gute,
wo er nur kann.

77. Darüber Paulus und alle Heiligen jederzeit
geklaget, daß ſie oft thun, was ſie nicht wollen.

78. Darum, wo wir dieſes geiſtlichen Streits
Grund recht verſtehen wollen, ſo müſſen wir im Lichte
der Natur forſchen, was unſer Gemüth ſey, daraus
Liebe und Zorn, Licht und Finſterniß, Freude und
Leid in einem Augenblick entſtehen kann;

79. Ja ſchneller als ein Blitz, ſowohl gute als böſe
Gedanken in und ohne Zahl aus einander gehen:

80. So werden wir befinden, daß es ein begehrender Wille ſey, der in der Finſterniß gefangen ſtehet, und ſich immer nach dem Licht ſehnet, und ſeinen Willen zum Lichte faſſet, das zu gebären, damit
es von der ängſtlichen Peinlichkeit erlöſt werde,
und das Paradies oder Temperament in ſich erreichen möge;

81. Darinnen es vom ängſtlichen Treiben ruhen,
und in ihrem ängſtlichen Begehren ſtill ſtehen könne,
daß GOttes Wille in ihr vor ſich gehen möge, wie

solches

solches bereits §. 25—32. umständlich angeführet worden ist.

82. Wiewohl ein Ungeübter noch mehr Unterricht und Anleitung nöthig hat, welchem zur Vorstellung einer Gleichniß geholfen werden soll.

83. Das Gemüth hungert und begehret heftig, des Lichts in ihme auszugebären; und je heftiger die Begierde ist, je grösser wird die Angst, dergleichen Vermischung, daß ungeübte Gemüther oft in grosse Zweertrümnißligkeit fallen, und den Muth sinken lassen;

84. Auch aus dem Gebet und Streit scheiden; wie ich auch gethan, und meinem geneigten Leser zugleich anrathe, nicht daß er soll den Muth verloren geben, und den Streit fahren lassen;

85. Sondern daß er einen andern Willen fasse, aus dieser ängstlichen, peinlichen Finsterniß zu brechen, den ersten Willen in der Finsterniß nur lassend seyn.

86. So wird er im ernsten Gebet und Anhalten wohl erfahren, was diese Feder nicht ausdrucken kann.

87. Ach wie freundlich herzet und küsset die himmlische Sophia ihren feurigen Bräutigam, wenn sie in dieser Liebesconjunction einander begegnen! Welches diejenige wohl wissen, die bey dieser Hochzeit Mitgäste gewesen.

88. Dieses ist nun die feurige Taufe, da die Seele in das feurige Liebefeuer GOttes eingeführet, und wieder in GOttes Liebefeuer angezündet wird, daraus das edle sanfte Licht im Gemüth scheinet.

89. Alsdann wandelt der Bräutigam mit seiner lieben Braut im Rosengarten, und sammlet ihme allerlei liebliche Kraftblümlein ein, wie alle meine

Hb   (•)

liebe Mitgespielen in die sieben Jahr lang erfahren und bezeuget.

90. Sie haben im Licht Sophiä gemachtet und gefrohlocket, und von ihrer Liebe gesungen und ge= klungen, daß alle Zuhörer darüber erfammeret wor= den, und GOtt verherrlichet haben.

91. Allein dieses Licht bleibet noch nicht im Ge= müth beständig; die himmlische Jungfrau ziehet sich in ihren Aether ein, und probiret erst ihren Bräuti= gam, ob er ihr sowohl im Leid als Freud treu sey, und in aller Widerwärtigkeit beständig folgen will.

92. Wie kann meine liebe Mitgespielen auch er= fahren, und in die Probe gesetzt; und zwar bald, nachdem sie sich mit einander, an der Liebe vest und beständig hangen zu bleiben, und den geringsten Gedanken, der nicht Liebe wäre, zu versuchen, mit Hand und Mund zu dreyen malen verbunden ge= habt.

93. Da der Bundmacher, mein erstgeborner Sohn, welcher allen den andern fürleuchten wollen, meine treuherzige Vermahnungen verächtet, sich im Geltner, leichtfertig gestärkten, und wieder zerstöret hat, was er kurz vorher selbst zusammen gesammlet;

94. Daß unter Dreyßigen nur ein Einiger stehen geblieben, der Gut und Blut gewaget, und das Sie= gel des heiligen Geistes empfangen hat.

95. Die andern sind meist zerstoben, haben sich ummgewandel, die Wahrheit in Lügen verwandelt, und mit ihrem irdischen Wandel widersprochen, und sich jämmerlich zerrissen: davon viel zu erzehlen wäre, wenn es dem Leser nützen könnte.

96. Wenn ein Kranker will gesund werden, muß er nicht Gift, sondern dienliche Arzneyen ge= brauchen:

97. Also auch wo wir wollen vom Zorn GOttes, der uns in Adam gefangen genommen und gestauchet hat, wieder erlediget werden, so müssen wir die Liebe GOttes durch unsere starke Begierde in unser Zentrum des Gemüths einführen;

98. Und das immerdar thun, bis die Liebe den Zorn überwältiget, und auch in Liebe transmutiret und verwandelt hat.

99. Welches aber einen unaussprechlichen grossen Ernst und vieljährigen harten Kampf kostet, ehe aus einem Teufel wieder ein Engel wird, und der feurige Drache der Eigenheit sein Recht fallen lässet; wie an Jacob und Christo am Oelberg, auch am Creuz zu sehen ist.

100. Denn die Liebe muß sich beym Zorn in gar schlimmen ganz einergeben; dafür erzittert der natürliche eigene Wille, dieweil er nicht gerne sterben will, und sich dergestalt gewaltig widersetzet, daß GOtt die Fromme und Unfromme gebrauchen, ja alle Creatur entziehen, und allen Trost wegnehmen muß.

101. Bis daß er endlich sich ins Sterben seiner Eigenheit einergiebt, und dem Willen GOttes in vollem Gehorsam sich unterwirft, nicht mehr Eigenes, sondern was GOtt will, zu wollen.

102. Alsdann verlieret der feurige Drache sein Reich und Thron in uns, und die Liebe stehet aus dem Tode der Eigenheit auf, und wird im Gemüth zur rechten GOttes über den Zorn und alle seine Macht eingeführet.

103. Und herrschet hernach im mittlern Principel, als des Lichts über den Feuergrund des ersten und dritten Principel,

104. Aldenn gehet erst im Gemüth das Leben Gottes auf, das Licht scheinet beständig in der Finsterniß, der Versucher wird überschaffet, und die Engel treten zu uns und dienen uns.

105. Da gehet im Geiste Jauchzen, Frohlocken, Lobgesang und Danckopfer auf, daß der ausgeworffen, welcher uns und unsere Brüder Tag und Nacht vor GOtt verklaget, und daß die Ehre, Macht, Reich und Herrlichkeit unsers GOttes und seines Gesalbten worden sind.

106. Der Christliche Leser soll aber wissen, daß ich mit der Liebe nicht eine Fantasey der Eigenheit, sondern JEsum, die ewige Sophiam, welcher sich nach dem Fall wieder zu einer Gehülfin der Seelen in unsere erste Eltern eingehauset, und essentialiter in den verblichenen Seelen. Das unvergänglich hat, verstehe.

107. Und soll mein Leser treulich gewarnet seyn, und mich wohl verstehen, daß ich den Ehestand keines weges verdächtig, noch verkleinern will; sondern ihm nur offenbaren, was ich erfahren, und der HErr mir eröffnet.

108. Denn erstlich ist bekannt, was Christus selbst mit seinem Leben und Wandel in eigener Person gelehret, und uns auch solche Lehre in Schriften der Aposteln nachgelassen;

109. Daß wir alles verleugnen, ja unser eigen Leben hassen und verlassen sollen, woferne wir seine Nachfolger seyn wollen, dieweil der Spiritus Mundi, nemlich GOttes Gerechtigkeit, auf alles Irdgebohrne, ja selbst auf unser eigen irrdisch Leben, Anspruch machet, und uns also bis aufs Hemd zu entkleiden weiß, wie es mir und andern auch geschehen.

110. Wir machen, wie unser Meister, in dieser
Welt

Wir nichts Eigenes besitzen, sondern können wir im
Streit mit GOttes Zorn nicht bestehen noch siegen,
welches den Getrauten eine Unmöglichkeit ist, indem sie
sich von diesem Band nicht los reißen können;

111. Sondern vermöge Pauli Regel, 1 Cor. 7. 9.
ein jeder bleiben soll in dem Stand, darinnen er von
GOtt berufen sey; welches mein Leser als eine Haupt-
regel wohl anmerken soll.

112. Und obschon sich unterschiedliche getraute
Männer zu mir gethan, und sich in Sophiam ver-
liebet, auch freywillig sich um ihrent willen selbst
geistlich beschnitten, und mit Zustimmung ihrer Weiber sich enthalten haben, sind sie doch in der Probe,
nicht bestanden;

113. Sondern wieder in die irdische Matrix
gefallen, haben die liebe Sophiam hernach gelästert,
auch als eine leichtfertige Hure an den Pranger gestellet, und greulich zerrissen, und den guten Saamen nieder gedruckt, daß GOtt drein sehen, und
solch Unkraut und vernünfte Ranken abschneiden müssen.

114. Deswegen wir getraute Männer gezwungen
abhalten, und zur Demuth vermahnen, denn GOttes
Gaben sind vielerley.

115. Ein jeder sey nur in dem Wenigen, das
nicht sein ist, getreu, so kann ihm auch wohl ander-
trauet werden, was sein ist; und wandle nach seinen
Kräften, wie er kann.

116. Es ist eine ganz wunderliche Zeit der Ern-
te zu allen dreyen Principien vorhanden; ein jeder
sehe nur zu, wem er sich zum Knecht ergiebet:
ich habe erst in meinem dreißigjährigen Streit, mit
viel Schaden, Schlägen, Wunden und Leiden er-
kennt.

117. Es ist um eine englische Krone zu thun, welche die himmlische Sophia allen ihren liebsten Rittern, die den Drachen der Eigenheit, als GOttes Zorn, in ihnen überwunden werden, aufsetzen wird.

118. Gleich suchet sein Gleichen, sagt man im Sprichwort; und wie solches natürlich ist, so ist sich auch nicht zu verwundern, daß Christus seine Gleichheit herzlich suchet.

119. Dieweil Er sie aber in gnad nicht mehr habet, sintemal noch alle Kinder des Zorns sind, und der Gerechtigkeit, die vor GOtt gilt, ermangeln: so sendet Er seinen heiligen Geist aus, liebe Bräute anzuwerben.

120. Er sendet seine Engel aus, jungfräuliche Gemüther zu nöthigen; Er stecket sein Licht auf in klugen Kindern, und ladet Krüppel, Blinde und Lahme zur Hochzeit.

121. Er umarmet und küsset auch wohl alle seine Gäste; aber Er vertrauet sich keinem in seine Arme, oder führet ihn in seine verborgene Brautkammer, der nicht in der Fleischwuste erst-Schmerzen gethan, und den Versucher überwunden hat.

122. Welches meine liebe Mitgespielen nicht glauben wollen, sich im Grimm entzündet, und die theure Sophiam, sich mit ihnen ins Brautbett zu legen, durch Grimm erzwingen wollen; aber einen gewaltigen Wiedertritt gethan haben, und von ihrer englische Krone gebracht worden sind.

123. Darum, mein Leser, wird dir anderer Wiederschlag als ein Lehrspiegel fürgestellt, daß du in Demuth wandeln, und dich ja vor eigenem Flügen hüten mögest.

124. Es ist gewiß kein geringes, aus einem Teufel ein Engel und Kind GOttes zu werden, und mit Christo zur Rechten seiner Majestät zu sitzen, und über seine Feinde Richter zu seyn.

125. Darum müssen wir auch dem Ebenbild JEsu gleichförmig werden im Leben und Wandel, in Trübsal, Verfolgung, Armuth, Leiden, Höhe und Tod; welches dem sanften Fleisch und Blut gar schwer eingehet, und lieber eine kurze vergängliche Freude der ewigen Seligkeit vorziehet.

126. Es ist nicht gut, auf der Welt Lauf sehen, und lieber mit Vielen wählen den breiten Weg ins Verderben, als mit Wenigen den engen Weg zum Himmelreich erwählen.

127. Mein lieber Leser, man machet uns nun den breiten Weg schmecklich und angenehm, und lehret uns, daß sowohl die verdammten Seelen, als die abtrünnige Engel, welche ihre Behausung nicht bewahret, herwieder gebracht, und zu GOttes Engeln gemacht werden sollen;

128. Und zwar unter einem grossen Schein von überschwänglicher Liebe; dadurch rohe Gemüther ruchloser werden, und ihr Leben daran wagen.

129. Sey du fürsichtig, und erwege in deinem Herzen stets die Worte Christi; Der Knecht ist nicht besser als sein Herr; haben sie den Meister Beelzebub geheissen, sie werdens dem Knecht nicht besser machen: Dieser Zeit Leiden ist nicht werth der Herrlichkeit, die an den Kindern GOttes soll offenbar werden.

130. Die Sorge auf GOtt werfen zu können, und Ihme dem Unsichtbaren, als Ihn sehende, zu trauen, kommet alleine von GOtt selbst, und wird durch lange und viele Uebung mehr und mehr gelernet.

131. Denn wenn der Glaube in unser Herz gesäet wird, ist er erstlich eben als ein Senfkörnlein, daraus mit der Zeit ein großer Baum wächset.

132. So wenig aber ein Baum ohne Sonne, Sternengolde, Donner und Hagel, und ohne Eröffnung des Safts aus der Erden, wachsen kann; so wenig kann der Glaube ohne Creutz, Trübsalen, Verfolgungen und Versuchungen zunehmen.

133. Darum hat Christus sein Reich inwendig in uns aufgerichtet, daß wir ihn empfinden, schmecken, und nicht fern suchen mögen, auch nicht laut schreyen dörfen:

134. Daneben auch verheissen, was wir in Geist und Wahrheit im Namen JEsu bitten und begehren werden, daß es uns von unserm himmlischen Vater gegeben werden solle.

135. GOtt kann unmöglich lügen; derohalben, wenn wir bitten und nicht empfangen, es nur unsere Schuld ist, daß entweder unsere Seelenandacht nicht gänzlich und völlig in GOtt gesetzet, oder sonsten an etwas Irdisches hänget, oder auf eine Creatur siehet.

136. Es verlässet doch ein Hund seine Jungen nicht; wie sollte dann GOtt verlassen, die Tag und Nacht zu Ihme rufen, und von ganzem Herzen auf Ihn vertrauen?

137. Und ob es wohl zuweilen in Versuchungen scheinet, als ob der Himmel Stahl und Eisen wäre, und GOtt zu bitten vergessen hätte; so muß das Gemüth nicht erschrecken noch zagen, oder zweifeln, und vom Gebet ablassen;

138. Sondern nur mit rechtem feurigen Ernst anhalten, und gleich Jacob mit GOtt gleichsam ringen,

biß daß GOtt und Menschen überwunden, und der
Glaube samt der Liebe gesieget, wie wir ein herrliches
Exempel an dem geduldigen Hiob haben.

139. Und so weit muß es nun einem wahren
Kämpfer und Streiter Christi kommen; sonsten wird
der Cherub sein Gemüth und Sinnen in steter Zweifel
und Unruhe gefangen halten, und nimmermehr in sich
zu einer Gewißheit kommen, noch aus dem finstern
Gefängniß des Zorns ausbrechen lassen.

140. Der starke Gewapnete bewahret seine Bestung und Reich gewaltig: Wir müssen bey Held
Jesum mit uns im Streit haben, und dem Himmelreich Gewalt thun; sonsten richten wir nichts aus,
und der Teufel spottet unser und Christi in uns.

141. Kein heftigerer, noch betrübterer oder schmerz-
licher Streit ist, als wann der gute GOtt gute liebe
Gemüther in eine Liebe, Herz und Wille zusammen
ehelichet, und eines davon eine bittere Wurzel in seinem Herzen aufwachsen lässet:

142. Daraus eine Scheidung des Einen Liebe-
willens in viel bittere Willen, und eine Trennung
der Principien urständet; wie es am Himmel unter
bey lieben Engeln geschehen, und endlich Lucifer mit
seinem Heer aus dem Licht in die Finsterniß ist getrieben worden;

143. Und auch entstanden ist zwischen meinem
Mitgespielen, welche durch GOttes wunderbare Schickung, da ich doch sehr verborgen gelebet, und unbekannt zu bleiben gedacht, mich in meiner Wohnung
aufgesuchet;

144. Sich auch dergestalt verliebt in Sophiam
erzeiget, und auf allerley Weise mit ihr in den ehe-
lichen Stand zu treten sich bemühet, auch ganzer sieben
Jahre als erste Werber getragen;

O 5   145.

145. Ja aus freyen Stücken sich zu denen wahr mit Hand und Mund unter einander verbunden haben, daß zu Conservirung solcher theueren Bruderliebe Jeder sich für Bitterkeit bewahren, und den geringsten Gedanken, welcher nicht Liebe wäre, alsobald in seinem ersten Regen verfluchen müsse;

146. Und der gute Buchmacher damals wohl nicht gedacht hat, daß er der erste Brecher selbst seyn, und was er in der Liebe JEsu gebauet, im Zorn wieder zerbrechen würde; maßen es in einer gar kurzen Zeit darauf erfolget.

147. Daraus ein solcher bitterer Drachenwille und Teufel erwachsen, daß man hernach einander gestürzet und getödtet, und die vorhin gewesene offenbare Liebe in eine lautere Mörderey, Verleumdung, Lästerung, Verurtheilung und Verfolgung verwandelt worden, und die erwachsene große Aergerniß das vorher erbaute Gute weit übertroffen hat.

148. Dadurch auch der Zorn in der Natur sich so heftig entzündet und erhaben, daß ich und noch ein sämptlicher Bruder in den Proceß Christi treten, unser Leben dran wagen, und wider den Drachenwillen in ihnen bis aufs Blut streiten müssen;

149. Und wenn unser treuer Gehülfe und Held nicht selbst sich mit in uns so ernstiglich auf den Plan gestellet hätte, wir hätten in dieser Versuchung ohnmöglich bestehen können.

150. Denn je mehr wir ihnen im Geiste die liebliche Sophiab eingeflößet, je hoffärtiger sie in der sanftmüthigen drachischen Eigenheit worden; daß GOtt endlich drein sehen, und mit der Sense das Unkraut abhauen müssen, damit wir nicht über Vermögen versuchet würden.

151. Welches unserer Nachwelt zu einem Lehrspiegel fürgestellet wird, weil der Bräutigam vor der
Thür, und gar wunderbare Bewegungen im Geiste
sich erzeigen werden, die thörichten Jungfrauen sich
als ihre Gleichheit selbst unter einander leiden, zusammen laufen, und den Bräutigam mit den weisen
Jungfrauen hassen und verfolgen werden.

152. Unser ernsthaftiger eigener Wille (wo er sich
in GOtt die ewige Liebe, in den inwendigsten Grund
einverleibet, in seinem eigenen Wollen und Wirken still
stehet, und sich GOtt gänzlichen zum Eigenthum ergiebet, welches durch unablässiges Hungern, Dürsten, Bitten, Seufzen und Verlangen geschehen muß)
ist ein Engel GOttes, ein Brennwagen des heiligen
Geistes, der Sophiä Bräutigam, und ein Werkzeug
GOttes des Vaters.

153. Dadurch ist seine Wunder der Liebe durch
die sieben Geister oder Gestalten der Natur nach den
dreyen Principien ausgeboren und eröffnet;

154. Und so lange der Mensch dieses heilige Feuer
in sich durch ernstliches Gebet aufbläset, und in heisser
Flamme erhält, so lange bleibet auch die himmlische
Sophia im Gemüth leuchten, und wird zu ihm der
Teufel wohl so leicht nicht nahen, oder ihn rühren.

155. Und ob es ja geschähe, daß er mit seinen rau-
hen feurigen Geistrahlen und höllischen Gedanken ans
Gemüth anlaufet; so sind die Geister doch alsobald
rege, rufen und schreyen nur Hülfe, und schicken die
Sinnen in GOtt;

156. Der auch unverzüglich zu Hülfe eilet, daß
es oft in der Seelen als ein grosser Aufruhr ist, bis der
Feind verjaget und abgetrieben worden.

157. Wenn sich der eigene Wille oder vom Lichte
GOttes im innersten Seelengrund abzücht, und heraus

zauß in die sieben Geister der Planeten wendet, so machet er sich selbst zu einem gewaltigen, feurigen, hochsteigenden Drachenthier, Teufel und Satan, die alte Schlange, Apoc 12. der sich über GOtt, und was GOttes ist, erhebet, auch wider GOtt in seinen lieben Kindern streitet, und ein Brautwagen, Tempel und Wohnung des Teufels ist;

158. Durch welche der Teufel GOttes und aller guten Herzen spottet, auch durch sie in dieser Welt wüthet, was ihme sonst unmöglich wäre.

159. Darum sey mein geneigter Leser treuherzig vermahnet, daß er sich selbst nur suche gründlich erkennen zu lernen; so wird er gewißlich dieses Lebensöpstete Drachenthier mit der Hure in sich finden und empfinden;

160. Damit er Krieg führen muß, und nicht eher die Waffen niederlegen, noch Ruhe im Fleische suchen darf, bis es aus dem inneren Tempel oder Himmel auf die sinkende Erde des Lb. und Aus-ganes ausgeworfen worden; dann wird er Ruhen vor GOtt haben.

161. Das Thier und die Hure in der äußeren groben Welt wird GOtt auch zu seiner Zeit wohl in den feurigen Pfuel werfen.

162 Die Waffen des Versuchers sind theils äuserlich und irdisch, theils innerlich und geistlich.

163. Aeuserlich Verfolgung, Gefängniß, Bande, Schmach, Verspottung, Ausbannung und der Tod: Denn es hat ans äußere irdische Leben Recht; und wo wir es können verlassen und darlegen, so ist seine Macht gebrochen.

164. Wenn er nun diesen Schlag verloren, und siehet, daß er mit seiner Löwenhaut das Gemüth nicht erschrecket; so ziehet er eine Schlangengestalt

an,

an, und leget sich an den Versuchbaum, haltet dem Gemüth Erbschaften, reiche Heyrathen, Ehre und grosse Dienste für.

165. Ach wie heilig weiß er und durch unsere Vernunft alles vorzumalen, und sich zu gleissen, das Gemüth, Sinnen und Imagination anzulocken, daß es an den schönen Versuchapfel anbeissen solle!

166. Dadurch er sehr viele gute Gemüther verletzet und gefangen, die hernach bis an ihr Ende den Verlust und Schaden jämmerlich beklaget.

167. Und eben mit diesem Lockaas hat mich der Versucher lange Jahre versuchet, bis Gottes Liebe mich los gemachet, und mir seine himmlische Jungfrau dafür vermählet hat.

168. Wenn ihme diese Versuchung abgeschlagen worden, so versuchet er sein Heil mit seinen gethürmten Elementen, Hoffart, Geiz, Neid, Zorn, und misset dem Gemüth grosse Kräfte Gottes, auch grosse Heiligkeit und Tugenden zu;

169. Daß sichs erheben, über alle Thieren auffahren, und was ihme an Feuersmacht nicht gleichet verachten soll;

170. Und daß er mit List seines Nächsten Gut an sich ziehen, und der ihn betrafen will, mit Lästerungen schwarz machen, oder mit feurigem Schrecken ermorden und zu Boden werfen solle;

171. Und wenn er Gegenstand findet, so zündet er sich, und alles, was nicht in der Liebe voll liebet, im Zornfeuer wider sich an, machet des Stärkers Christi Leben und Wandel so schwarz, daß ihn kein guter Mensch mehr lieben kann;

172. Schläget zugleich innerlich mit Angst, Furcht, Schrecken, Zagen, Zweifel, Unglaube, Bauchsorge rc. durch die Vernunft auß Gemüth loß, will dich zwin-

gen

ten nieder zu fallen, und ihn um ein Stück Brot anzubeten.

173. Er machet GOtt zu einem zornigen unbarmherzigen Mann, daß oft Himmel und Erden zu enge werden, und heißet: Ich schreye, aber meine Hülfe ist ferne.

174. GOtt aber will den Frommen nicht über Vermögen lassen versuchet werden; und wenns auf höchste kommen ist, schickt Er eine wunderbare Rettung, machet aus Feinden Freunde, oder hauet das Unkraut ab.

175. Du, mein lieber Leser, kannst in allen diesen Versuchungen nichts anders thun, als beten, wie ich auch unablässig gethan, und in meinem Herzen vest gehalten, daß GOtt Liebe sey, der mich auch in keiner Noth verlassen hat.

176. Ihm sey Ehre, Preis, Danksagung und Lobgesang in alle Ewigkeiten, Amen!

Das sechste Capitel.

Vom Gebet.

1.

Weil uns GOtt im Lichte der Gnaden und Natur geöffnet, auch durch die eigene Erfahrung selbst gelehret, daß ein gottseliger Christ in dieser vermischten Welt ohne Widerstand nicht seyn könne,

2. Und nicht alleine von außen mit unglaublichen vielen Stricken und Fallstricken des Teufels umgeben; sondern auch in sich selbst seinen ärgsten Feind träget,

selbst

khls ernähret, fett und stark machet, und deswegen in groß n Gefahren als ein Schiff im Meer schwimmet.

3. Da ihn immer der Teufel, die Welt, GOttes Zorn, und sein eigen Fleisch und Blut in den tiefen Abgrund der Finsterniß ziehen, und das in keinem Herzen angezündete göttliche Fünklein, welchem der Teufel über alle maßen feind ist, und stets darnach hungert, auszulöschen und verschlingen, oder wie Apoc. 12. Kap. redet, erschöpfen will;

4. So habe ich nichts besseres thun können, als meinen eigenen Willen immerdar in GOttes liebsten Willen zu werfen, und mit Flehen und Seufzen unablässig um seines heiligen Geistes Regierung an-zuhalten.

5. Habe auch nicht das geringste ohne Gebet und Zustimmung meines theuren Führers fürgenom-men, weil ich einen ganz ungebahnten Weg gehen, und in Christi armes Erben, welches doch aller Ver-nunft unbegreiflich und zuwider ist, treten müssen.

6. Darinnen ich von allen natürlichen Menschen viel Anstoß zu erwarten hatte, auch Freunde und Feinde wieder mich aufstehen, und mich für einen son-derlichen Schwung, der einen ganz fremden, und für menschliche Natur unmöglichen und ungebahnten Weg und Lehre betrifft brengen wollte, ansehen, hassen und verlassen würden; gehalten mich meine Gedanken hierinnen nicht betrogen.

7. Und wiewohl ich mir, dem Ungewitter zu ent-gehen, und mich in die Stille hinein zu vergraben vorgenommen; so hat doch GOtt mein Vornehmen ganz anderst verkehret, und mich mit Fleiß und Liebe eben in den Kampf gezogen, denne ich mit Jona ent-fliehen wollen.

8. Weil ich nun daraus erlernet, daß mein und
GOttes

GOttes Wille streitig, und Er mir doch zu starc wurde, so mußt ich meinen Willen endlich gänzlich übergeben, und GOtt walten lassen, wie Er wollte; ob
schon meine Vernunft nicht begreiffen noch voraus sehen
konnte, wohin GOtt zielte.

9. Bis ich endlich durch seine grosse Erbarmung
nach aufgehaltener Zeit in einen sichern Hafen gelan-
det, da meine Seele Ruhe findet, und der Treiber
mit seiner Angst- und Zweifelsucke nicht hinreissen
kann.

10. Was es aber für Schweiß, Ernst und feurige
Gebete gekostet, ist dem Herzenkenner am besten bekannt!

11. Und der höchlich erfreuet, dancke dem Höchsten
auch herzlich allzeit, der mir einen beständigen treuen
Mitbruder unter so vielen gnädig erhalten,

12. Der mit mir im Gebet treulich gewachet,
Gut und Blut gewaget, und den Lohn und Sieg des
Glaubens durch JEsum erholen hat, und Zeugnis
geben kann dessen, was uns vor grosse Barmherzigkeit
wiederfahren ist.

13. Nun ist der heilige Geist und eigene Rhur
des Betens bester Lehrmeister; und hätten wir keiner
Gebetbücher und Formulen nöthig; wenn wir alle
einerley gesinnet wären, und den heiligen Geist des
Gebets in uns hätten.

14. Weil aber viel Köpfe, viel Sinne, der eine
GOtt doch über dem Gestirne, der andere in der Luft,
auch die wenigsten in ihnen selbst suchen und sehen;
so gehet ein jeder seinen Weg, und betet, nachdem er
constelliert ist.

15. Ein Thiermensch siehet nicht weiter als in
den Lufthimmel, nämlich in die Animam Mundi,
in die Elementen.

16. Andere, die etwas tiefer gehen, dringen in
den

den Spiritum Mundi, oder in den gestirnten Himmel bis in die Sonne ein; weiter ist denen zu bringen
die Feyer geboten.

17. Ein teuflischer Mensch bringet in die finstere
Welt; denn seine Magie suchet nur Werke und Worte
der Finsterniß auszugebären, nach seines Fleisches
Lust und bösem Willen.

18. Der Wiedergeborne aber gebet mit seiner Magie in sich hinein, in den rechten heiligen Himmel der
heiligen Tinctinctur, bis vor die heilige Dreyzahl,
fasset das selbstständige, sprechende Wort oder Sophiam in seine Begierde.

19. Und gebieret mit dem Verbo Fiat die heilige
Dreyheit aus der himmlischen Weisheit aus in allen
seinen Gebeten:

20. Und der betet allein im Geist und Wahrheit
den rechten, wahren, dreyeinigen GOtt an, und sein
Gebet ist Ja und Amen im Himmel und auf Erden.

21. Die übrige halten sich an ihre gewöhnliche
Worte, und machen Formen des eigenen Willens,
nach des äusseren Lebens Begierde, darinnen keine
wirkliche Kraft ist.

22. Ich habe zwar viele sonsten gutmeinende
Menschen von ihrem Wandel sprechen hören, die verge-
ben, daß sie bey allen ihren äusserlichen Werken GOtt
dienen und Ihn anbeten können.

23. Welches ich nicht widersprechen wollen, weil
nicht jeder GOtt und Natur, und die Gradus der Welten oder Himmel zu unterscheiden weiß, noch verstehet,
was recht im Geist und Wahrheit beten sey.

24. Daß man also um des Unverstands der
Einfältigen willen Mittelen tragen und auf Christum sehen muß, der wahre Fürsprecher bey GOtt
unserem himmlischen Vater ist, und sich der blinden

J   Schaafe

junction das Feyer auf, dadurch mein ängstlicher Wille
Schein einer lieblichen Freude in eurem Lichte empfindlich
fühlte, und die Erhörung kriegte.

32. Denn da war alles Ja und Amen, und kein
Zweifel zu spüren.

33. Durch diese Praxis, darein mich GOtt im
Gebet geführet, ist mir hernach Böhms Grund der
sieben Gestalten und dreyen Principien, davon er in
allen seinen Schriften schreibet, offen gestanden.

34. Daraus ich so viel ersehen, daß seine Leser,
wo sie nicht selbsten in die Pragin von GOtt geführet
werden, schwerlich die Tiefe begreifen werden.

35. Weil ich nun erfahren, daß durch den strengen
Zorn GOttes des ersten sauern Principii zu gehen ein
strenger Weg sy, der nicht allein Ernst, sondern auch
einen unerschrockenen Muth erfodert, welches doch in
des Menschen eigenen Kräften nicht stehet;

36. So sey der liebhabende Nachfolger aus Erfahrung berichtet, daß er die Liebe in seine Begierde
und Imagination fasse, und ja nicht in der Fassung
von sich lasse;

37. So wird er allezeit einen Rath finden, wenn
der Zorn ihn schrecket, Zweifel und Unglauben einführet,
daß ers nur getrost versuche, und gleich mit der Imagination in die Liebe fortfahre; so wird er wohl empfinden, wie der Zorn weichen und fassen werde.

38. Ich mußte zwar im Anfang einen harten Stoß
erliegen, indem mir der Zorn eine Todsünde in den
heiligen Geist ins Gemüth geschoben, als ob ich GOtt
gestochel hätte:

39. Und bin darüber in eine verkehrte Demuth
gefallen, weil ich Böhm noch nicht gelesen, und Verstand daraus gekriegt, was Fluchen, Liebe und Zorn,
GOtt und nicht GOtt sey.

40. Einem unerleuchteten Gemüth wird zwar unsere Beschreibung fremd vorkommen, auch wohl einem halberleuchteten, der in solcher Uebung noch nicht sicher, etwas bedenklich fallen:

41. Ich stelle die aber ein Gleichniß für mit einem Saamen: Siehe, wenn der in seine Mutter gesäet wird, so muß er sterben, und durch alle sieben Gestalten der Natur durchbrechen, ehe er wieder Frucht bringet, welches Niemand leugnen kann, der die Wahrheit einiger maßen liebet.

42. Denn die wachsende Kraft im Saamen treibet durch Hülfe des Regens und Sonnenscheins in der Begierde zum Wachsen fort; denn wo keine magnetische Begierde im Saamen wäre, so wäre der Saamen taub oder tod, und könnte nichts wachsen.

43. Also ist auch die magische oder magnetische Begierde des seeligen Willens oder Gemüthes der Schaffer und Ausgebärer dessen, was der Wille in seine Imagination gefasset, nemlich das edle sanfte Licht GOttes.

44. Wann du nun also das schöne sanfte Liebe, darinnen die heilige Dreyheit mit der ewigen Weisheit wohnet, in dir hast ausgeboren, so ist ja dein ganzer Leib liebe, darinnen du grosse Freude hast.

45. Aber sie währet im äusseren Gemüthe nicht lang; denn der rothe Drache, als der seelische Wurm, oder das finstere Principium, hungert stets darnach, und schlinget es wiederum in seinen magnetischen grossen Summenhunger ein, denselben damit zu tödten.

46. Willt du nun dann edles Licht wieder in dir scheinend haben, so mußt du es nur wieder in der ausgebären, also daß in deiner Seelen ein heftiges Ringen zwischen Liebe und Zorn um das Oberregiment ist,

47. Welches dich immer ins Gebet treibet, und

wenig

wenig müßige Zeit erlässet; denn es kostet gar einen
großen Ernst.

48　Welcher Streit so lang in dir währet, bis
endlich der Zorn abgemattet, sich der Liebe einergeben
muß; daraus das große Erbarmen GOttes in der
Seele geboren wird.

49. Ich schreibe aus meiner eigenen Erfahrung,
und lasse einem Jeden seine ungetadelt; wiewohl ich
darüber viel erlitten, und unter der finsteren schwarzen
Decke des Teufels still liegen müssen, weil der Drache
in meinen Brüdern sich erhoben, und mir mein edles
Lichtperlein mit seinem Grimmenstrom immer ersäufen
wollen;

50. Aber durch meiner treuen Jungfrauen erns-
liche Hülfe doch nicht zum Sieg durchbrechen können.
GOtt sey ewig Dank!

51. Wann du nun von Christo in den Christen-
Stand bist wahrer angenommen, und durch Wasser
und Geist wiedergeboren worden, so bist du ein er-
wählter Priester des allerhöchsten, deme in das allerheiligste in dir selbst einzugehen Recht gegeben ist.

52. Denn das Wort ist nun essentialiter in deinem Herzen und Munde offenbaret, und dir ist das
göttliche Rauchfaß, nemlich der Geist des Gebets
anvertrauet,

53. Daß du als ein wahres Glied Christi, für
alle Menschen, Juden, Türken und Heiden, die noch
draussen im Vorhofe des Fleisches leben, Gebete,
Fürbitte, Lob-Dank- und Versöhnopfer opfern, und
deine Seele für ihre zu Christo JEsu als ein Mitarbeiter
darstellen sollest,

54. Daß sich in die Liebe JEsu einwickeln, und
solche im Gebet dem Zorn in seinen feurigen scharffen
Hunger zur Legung und Stillung einführen muß.

55. Du must dein geistlich Pfund nicht in deine eigene Seele vergraben, noch heimlichen Vorrath für dich allein schaffen, sondern must immer dem Bächlein im Gebet in alle deine Mitzweige ausfliessen lassen, und GOtt deine Liebesfrüchte und Erstlinge bringen; so kann dich GOtt segnen, und immer neue Kräfte mittheilen.

56. Und wirst bey solcher Uebung in einem Jahr weiter im Innern kommen, als sonst in vielen Jahren; welches mit mir alle Erfahrne werden bekennen müssen.

57. Du darfst nicht aus, sondern nur eingehen, und GOttes Geist ausgehen lassen, der wird deine Gebete wohl ausrichten, und liebe Bräute werden, die dir und GOtt herzlich danken werden, daß ihnen durch deine fleißige Arbeit in ihren Seelen Heil widerfahren sey.

58. Und obs schon geschehen wird, daß sich ihre Eigenheit, als der rauhe Drache in ihnen, nicht in die Liebe einergeben, und der mit thierischem Eifer und Zorn entgegen gehen wollte;

59. So must du nur in der Liebe JEsu bleiben, und sie nimmer aus deiner Imagination und Willen lassen, deine zornige Brüder bey der Ferien vest halten, und mit deiner Liebe im Gebet und Geiste in ihren Zorn einbringen, biß er sich in die Liebe JEsu ergiebet, und in sanftes Erbarmen verwandelt wird.

60. Denn du selbst must mit deinem JEsu die Liebe in dem Zorn ausgebären, und deine zornige Brüder wieder in Christum JEsum, als in die ewige Liebe, angebären,

61. Und nur denken, daß du von GOtt darzu gesalbet, und für deiner Brüder Brest gestellet seyest, für sie zu bitten, und sie mit GOtt zu versöhnen, zu vermählen, und sie zu verföhnen.

62. Und daß solches dein Amt in diesen irdischen Hütten sey, darinnen du bis ans Ende treu seyn, und JEsum über alle Macht, Stärke, Kraft und Reiche verherrlichen und erheben müssest.

63. Und ob sich schon der eigene Wille in einem oder dem andern widersetzet; so stehe nur im Willen still, und siehe, wie sich der Engel des Raths mit seiner Botschaft hinlenken wird.

64. Denn dein Gebet soll nicht leer wieder zurück kehren, sondern GOttes Willen aufrichten.

65. Darum, mein lieber Leser, wer du auch bist, sollst hiemit wissen, daß ein rechter ernstlicher Christ ein gar mühsamer und ängstlicher Arbeiter in GOttes Weinberg und Tempel ist, der immerdar mit GOttes Zorn in den Kindern des Unglaubens, und mit dem Teufel sich schlagen, auch alle Vernunftshöhen, die sich im Gemüth erheben wollen, darnieder werfen, und mit dem Schwerdt des Geistes alle Feinde JEsu zur Linken und zur Rechten zerhauen muß,

66. Und gar wenig Musse und Ruhe in dieser Welt hat, auch stets mit Fasten und Beten wachen muß, daß der Teufel aus dem finstern Abgrund nicht sage, und ihme sein edles Lichtperlein, welchem er über alle massen feind ist, verschlinge;

67. Und seine Zeit keineswegs mit Müßiggang und Faulenzerey, wie ihn die Welt verkehrt richtet, zubringe, noch sich von der Reichen Ueberfluß zu mästen begehre.

68. Denn wo er solches ja verlangte, so müßte er in der Welt bleiben, krumm gerad machen, geitzen, wuchern, schartzen, laufen, verlaufen, rennen und laufen, und nach der Welt Sinn leben, damit er in der Welt Ruhe, und im Fleisch Friede, Ehre und Reichthum hätte.

69. Und müste nicht aus der Welt gehen, Christo in der Wiedergeburt nachfolgen, und alles Zeitliche, bis auss Hemd, seine Schaam zuzudecken, verleugnen.

70. In welchem Leben er allen Menschen ganz fremd wird, und in grosser irdischer Armuth hingehet, damit er nur das edle Perlein der tiefen Erkenntniß GOttes und seiner selber erreichen möge.

71. Auch decket sie der Teufel selbst mit seiner finstern Pästerdecke zu, damit sie in dieser Welt nicht mögen erkannt werden, und ihme Seelen aus seinem Sauysterch rauben.

72. Und ist gewiß die Welt solcher treuen Seelen nicht werth; darum lässet sie GOtt so verborgen bleiben, damit sie von des Teufels Maßschweinen nicht erkannt und zerrissen werden mögen.

73. Auch ist gar eine grosse Gaabe, wenn GOtt eines Reichen ungerechten Mammon würdiget, solchen verborgenen Armen damit behülflich und erquicklich zu seyn:

74. Massen es auch alleine GOttes Geist wirket, dieweil sie ausserlich nicht zu erkennen, auch Niemanden lästig fallen, noch über Noth klagen, sondern mit GOtt zufrieden sind, wie Ers mit ihnen machet.

75. Denn sie sind ferne, und nicht der Welt Kronen; darum kennet sie GOtt wohl, und sie trauen GOtt auch, und suchen Ihn zu ehren und allein anzubeten bis an ihr Ende.

Anhang.

Kurze und einfältige Betrachtung
des

Ehestandes,

wie solcher

unter gemüthlichen Christen
mit reinem Herzen und Gewissen zu führen ist,
(In Absicht der geistlichen Ehe der gläubigen
Seelen mit Christo.)

Dabey

einige Reflexionen auf desselben

Mißbrauch,

da die zauberische List und Streiche des
Satans, der alten Schlangen, entdecket werden,
womit er die erste Eltern erhaschet, und die Menschen in diesen letzten grundbösen Zeiten auf eine
gar grobe Weise gefangen führet, nach allem seinen Willen; mit practischer Anweisung, wie
gläubige gottesfürchtige Eheleute sich in Christo
daraus retten mögen, auch ihre Ehegatten
neben und mit sich von solchen nüchtern
machen.

§. 1.

Zum Ersten und vor allen Dingen ist kürzlich, und so viel hier wegen des göttlichen Grundes erforderlich, (denn die Sache bereits anderswo weitläuftiger und ausführlich abgehandelt zu finden und zu lesen ist, als fürnehmlich in des seligen Gottesmannes, Jacob Böhmens, Schriften, und in des hocherleuchteten seligen Gichtels Theosophischen Sendschreiben) zu wissen, daß der erste Mensch Adam, zum Bilde Gottes mit allen göttlichen Kräften und Eigenschaften erschaffen worden; also daß Er, mit Beyhülfe seiner ihme angebornen himmlischen Jungfrau Sophia, Menschen seiner gleichen durch die Magiam des Geistes hätte außgebären, und also diesen Locum der Welt nach und nach mit Gottes- oder Engelmenschen, an statt der gefallenen Geister, welche solchen vor ihrem Fall innen gehabt und im Lichte bewohnet, erfüllen können, wann es seiner himmlischen Jungfrau wäre treu verblieben. Damalen hieß es: Und Gott sahe an alles was Er gemacht hatte, und sehe da, es war alles sehr gut, Gen. 1, 31.

ihren Eigenschaften und Qualitäten Namen zu geben, und es sahe wie Männlein und Weiblein mit
einander caiolirten und in der Liebe spielten, inficirte
Silas sein Gemählde, daß er auch noch einem dusti-
gen Weib sich umsahe, und darnach lüderte, die auch
um ihn wäre, und mit der er sich dusterlich auch be-
lustigen könne.

3. Seine himmlische Jungfrau, diese seine Un-
teren sehende, daß er sie verließ, wiche von ihme, und
wurde er also unkräftig, die Fortpflanzung aus sich
selbsten zu gebären: daher sprach GOtt: Es ist
nicht gut, daß der Mensch allein seye; Ich will ihme eine Gehülfin machen, die um ihn sey, (damit
der Fürsatz GOttes bestehen möge, diesen Locum
der Welt an statt der gefallenen Geister zu erfüllen)
und nahm eine seiner Rippen, und bauete ein duf-
terlich Weib daraus, und scheidete also die Männliche
und Weibliche Tinctur von einander. Gen. 2, 18.

4. Bey diesem Zustand behielten sie noch das un-
etwas geschwächte Bild GOttes, und ihren paradisischen Leib, welcher aus der quinta Essentia der
paradisischen Erden formirt war: In welchem sie
auf paradisische himmlische Art ihre Gleichheit noch
sollten haben aus sich gebären können, ohngeacht
der Scheidung der Tincturen, welche sie in ihrem
Gebeten in Christo, dem eingesprochenen Wort GOttes und Wiedergebärer, wieder hätten können ver-
einigen, wann sie also mit ihrem Willen aus ihnen
selber, und aus der Natur in GOttes Willen einge-
drungen wären: Wie GOtt mit dem Verbothenen
probiret hat, zu sehen, ob sie mit ihrem Willen
über sich aus dem Feuer und Licht wollten aufgehen,

da

da die Blume der himmlischen Tinctur in JEsu se-
bel, und kein Mann oder Weib mehr ist, sondern
Jungfrau, wie Adam vor dem Fall war, ehe das
Weib aus ihm genommen ward: Da sie mit GOttes Willen in Christo ein Wesen wären geworden,
wie wir durch die neue Geburt in Christo werden,
da ein Paulus Christo wiederum Kinder gebieret,
nicht zwar in diese Welt, sondern uns, die in der
Welt geboren sind, aus der Natur in GOtt. GOttes Wille in Christo ist göttliche Tinctur nach beyden Gestalten, Lichts und Feuers, und Adams ju-
gesellete Jungfrau der Erschaffung des irdischen Weibes; und leben darinn unser rechtes Leben, Psalm
30, 6. (im hebräischen Text) mit samt dem Bilde,
als aus GOtt. Unser creatürlicher Wille ist auch
Tinctur, als ein ausgebornes Fünklein göttlicher Kraft,
und wenn wir diese GOttes Gabe an uns anblasen
und aufwecken, daß es im Licht brennet, wird unsere
Seele die Jungfrau angezogen, darinne die Vermählung Christi mit unserer Seele lebet, und gehet die
göttliche Geburt in unserm Geiste an, davon Paulus
deutet Gal. 4, 19.

1. In der Natur ist unser Wille auch Tinctur,
aber irdisch und fleischlich geworden, darinn der Satan sich einbildet, Joh. 1, 13. heisset sie der Wille
des Fleisches und des Mannes, und Ephes. 2, 3.
Begierde und Wille des Fleisches, daraus wir Kinder der Natur und des Zorns sind, überdasselbst. Und
auf das Salan Evam, als das schwächste Ideam in
der Eigenschaft der irdischen Natur fangen mögen,
schlich er in die Schlange, welche das listigste Thier
auf dem Felde war, wie der Geist in Mose sagt,
und beredete sie mit vieler Persuasion, in eignem
Wil-

Willen zu greiffen, also daß sie ihre Hand ausstreck-
te, und die Frucht abbrach vom Baum der Erkenntniß Gutes und Böses, und aß davon, und sie gab
Adam auch davon, daß er gleichfalls aß.   In In-
dann erlosch in beyden das göttliche Licht, in welchem die Bildniß an rechtschaffener Gerechtigkeit und
Heiligkeit Ephes. 4, 24. stund, und sie sahen sich,
daß ihr paradeisisches hellleuchtende Kraftleib in einen derben finstern Thierleib verwandelt war mit
viehischen Geburtsgliedern;   und empfunden dabey,
daß sie dem Geist dieser Welt heim gefallen, wor-
über sie perplex wurden, und mit Schrecken befangen vor dem so schön entzündeten Zorn GOttes sich
unter die Bäume im Garten versteckten; da wurden
sie innen, daß sie vom Satan betrogen gewesen, welcher ihnen ihren glückseligen Stand im Paradeis
nicht gönnete, und sie also mit thierischer List heraus
gebracht.   Sie mußten sich selber vor einander ihrer erlangten Geburtsglieder schämen, und sich
Schürzen machen; wie wir noch heutiges Tages
haben, uns vor dem Angesicht der heiligen Engel
zu bedecken: Und um dieser Ungestalt willen sehen,
daß unser thierische Leib sterben und im Grabe verwe-
sen muß.

6. Wie also auf diesen traurigen Fall die Fortpflanzung des menschlichen Geschlechts nicht anders,
als auf thierische Art geschehen mochte, sprach der
liebe GOtt den Schlangentreter JEsum zu einem
Wiedergebärer in Euer Natur an ein, (verstehe ihn
heiligen Element, welches über Natur ist) auf daß
sich die Eltern damit in seuchiger Begierde zu GOtt
zugleich schwängern mögen; welches sie aber gar
schwachlich gethan, und an statt sie sollten GOtt

(nemlich

(nemlich das göttliche Bildniß) aus ſich gebären,
wie Eva auch meinete, daß ſie den Mann Jehovah
empfiengen, Gen. 4, 1. gebar Eva den Geiſt der
Welt, vom Satan entzündet, daraus Cain, das
Kind der Faſſung des eigenen Willens, geboren ward,
welcher den Satan in ſich hatte. Mit der Geburt
Habels waren ſie glücklicher; ob ſie wohl ſelber nicht
wußten, was für ein Geiſt, in ihme war, daher
ſie ihme von Eitel, oder Nichts, als einem Elenden,
den Namen gaben, und er war auch in der Natur
als wie ein Nichts; und ſolche müßen wir auch
ſeyn, wann GOttes Geiſt in uns wohnen ſoll.
Solche Kinder ſind ſehr rar, die vom heiligen Geiſt
im Mutterleibe getauft werden, und findet ſich unter Tauſenden wohl nicht eines, es ſey dann, daß
ſich GOtt zum Ziel ſeines Gnadenbundes darinnen er-
blicket, wie ein Johanne, dem Täufer im Neuen Te-
ſtament, der ein Vorläufer JEſu ſeyn ſollte. Dieſe
Kinder ſind JEſu gleichförmig, die GOtt mit himml-
liſchen Feuer taufet, da ihnen die Natur eine Hölle
wird; dahero ſie nicht nach dem Fleiſch leben, ſondern nach dem Geiſte, warum Habel auch kein Weib
nahm, wie Johannes auch nicht thate. Die Erz-
väter, aus welchen JEſus nach dem Fleiſch ſollte
geboren werden, mußten darum Weiber haben; ob
ihnen GOtt das Fleiſch wohl ſcharf geſalzen hat.
Mit Seth wollte es den erſten Eltern ſo tief nicht
gelingen, er war nur ein Bild, wie Adam, und ein
frommer Mann in der Natur, welcher auch den
Weg der Natur eingieng, ob er wohl erſt 105 Jahr
alt war, und alſo der viehiſchen Brunſt abgeſtorben,
ehe er den Enos gezeuget. Abraham war auch
bey guten Jahren, ehe er merkte, daß ſein Weib

Sara

Sara unfruchtbar war, und GOtt verschloß ihme
dieselbe, bis er neun und neunzig Jahr alt war; sechs
und achtzig Jahre erreichte er, ehe ihme das Kind der
eigenen Fassung des Willens aus der Magd geboren
worden. Er gab seinem Sohn Jsaac ein Weib, als
er vierzig Jahr alt war, ohne Zweifel, daß er selber
alt war, und bey seinem Leben ihn wohl geleitet
sehen wollte. Dieser Jsaac eilte aber mit seinem
Sohn Jacob nicht, sondern ließ ihn acht und siebenzig
Jahr alt werden, ehe er ihn nach Baran in Syrien
sandte, um aus seiner Mutter Haus ein Weib zu
nehmen. Sie haben aber alle den Cainischen Geist,
neben dem Habelischen in Christo, gezeuget: Da ist he
anmerklich, daß Esau und Jacob aus einem Saamen geboren worden: In dem Ersten trunge der
Geist der Natur im Streit der Verceinten oben, in
dem Anderen aber GOttes Geist, davon GOtt Jacob
geliebet, und Esau gehasset, als die Kinder noch im
Mutterleibe waren, und weder Gutes noch Böses
gethan hatten. Dieses soll Eltern eine heilige Furcht
machen, wissende, daß alles, was vom Fleisch geboren, Fleisch ist: Es muß in Christo neu geboren
werden, sonst kanns in GOttes Reich nicht kommen.
Gottseligen Eltern kommt zu, daß sie ihre Kinder,
die sie ins Fleisch geboren, aus dem Fleisch und der
Natur wiederum heraus gebären, in Kraft des den
ersten Eltern eingesprochenen Wiedergebärers, JEsu,
nach GOttes anfänglichem Fürsatz und Willen. Der
eigene Wille kann JEsum aber nicht erreichen, dieweil er Natur ist, warum sie ihn verleugnen und
übergeben müssen, und aus der Natur doch zuletzt ganz
heraus gehen, und sich selber und ihre Kinder in Christi Tod ganz einwerfen, sonst ist kein Auskommen aus

der

der Natur. Allhie wird es dem Gemüthe überaus
ſchwer gemachet; das heiſſet, mit Schmerzen Kinder
gebären im Geiſte, wie in der Natur.

7. Alſo träget GOtt den Eheſtand zwar unter
ſeiner Geduld unter der Natur, und hält ihn für ſeine
Ordnung, in der Natur; aber um Chriſti willen, in
welchem Er auch in ſeiner Gunſte erwehlet hat vor
Grundlegung der Welt. In der Natur iſt GOtt ein
zorniger und eiferiger GOtt, der die Miſſethat der
Väter heimſuchet an den Kindern, bis ins dritte und
vierte Glied; und Barmherzigkeit in Chriſto thut an
viel tauſenden, die ihn lieben und ſeine Gebote bewahren; welche ſind, GOtt lieb haben aus ganzem Herzen, Seele, Gemüth und allen Kräften, und unſern
Nächſten als uns ſelbſten, Matth. 22. Dieſe Liebe
machet das Herz keuſch, und widerſtehet aller Unreinigkeit in der Natur und dem ſündlichen Fleiſche.
Da der liebe GOtt uns auch liebet, und, dieweilen
daß Er uns liebet, züchtiget Er uns in der Natur als
Vater, auf daß wir ſeine Heiligkeit erlangen mögen,
und nicht mit der gottloſen Welt verdammet werden.
Iſt alſo gar wohl zu betrachten, was der Eheſtand
auf ſich hat, welcher zum Grunde hat die Fortpflanzung des menſchlichen Geſchlechts, Gen. 1, 18. und
2, 17. Und ſo weit wird er unter göttlicher Geduld getragen, und nach dem Fall des Menſchen für
ſeine Ordnung erkannt, nach der Natur (nicht aber
nach dem Reich der Gnaden. ſiehe Pſalm 51, 7.
Joh. 3, 3. 6. Epheſ. 5, 18.) Der Mißbrauch vom
Eheſtande aber, da der Menſch ſuchet ſeine viehiſche
Luſt und Begierde des ſündlichen Fleiſches auszuüben,
iſt aus dem Satan, der alten Schlange, und eine
Hurerey vor GOtt, darinn der ſündliche Menſch

ärger

ärger ist, als das dumme unvernünftige Vieh, welches, wann es sich bepaaret befindet, alsofort alle
Brunst (auslöschet) verlieret, und das Männlein
des Weibleins, und dieses des Männleins nicht mehr
will, (es sey dann ein Geiß oder dergleichen gar grob
Vieh) da der Mensch sich also billig vor den Thieren
zu schämen hat, daß er geringer worden, als sie. Welche Betrachtung ihn antreiben muß, sich in der Natur
zu mäßigen, und der Zucht, Keuschheit und Reinigkeit aus allen Kräften nachzujagen, und sich derselben
zu befleißigen.

8. Dieser beneldete Mißbrauch des Ehestandes
ist abscheuer sündlich, und der Strafe und Gerichte
GOttes unterworfen: wie dann der Heilige Paulus
ausdrücklich lehret, daß die da fleischlich sind, sein
fleischlich gesinnet, und fleischlich gesinnet seyn, sey
der Tod, und eine Feindschaft wider GOtt, und die
also fleischlich seyn, mögen GOtt nicht gefallen, Röm.
8, 5—8. und rechnet die Unkeuschheit zu den letzten
greulichen Zeiten, da man die Wollust mehr dann
GOtt lieben werde, 2 Tim. 3, 3. 4. und setzet
Unreinigkeit und Unzucht unter die Werke des Fleisches, mit dem Zusatz, daß, die solches thun, das
Reich GOttes nicht ererben werden, Gal. 5, 19. 21.
Ephes. 5, 5. Ja die Epheser vermahnet er, von aller Unreinigkeit abzustehen, wie den Heiligen zustehe,
Eph. 5, 3. und die Colosser, daß sie ihre Glieder,
die auf Erden sind, als Hurerey, Unreinigkeit, schänd-
liche Brunst, böse Lust, tödten sollen, als um welcher
willen der Zorn GOttes über die Menschenkinder
komme, Coloss. 3, 5. Ja vermahnet auch treulich
an die Thessalonicher zur Heiligung, daß ein jeglicher wisse sein Gefäße (oder sein Weib) zu behalten in

Heili-

Heiligung und Ehren, und nicht in der Luſtſucht, wie
die Heyden, die von GOtt nichts wiſſen, denn GOtt
habe ſie nicht beruffen zur Unreinigkeit, ſondern zur
Heiligung, 1 Theſſ. 4, 3—7. So vermahnet er auch
die Römer, daß ſie ehrbarlich wandeln ſollen, nicht
in Geilheit (Kammern) und Unzucht, ſondern den
HErrn JEſum Chriſtum anziehen, und des Leibes
alſo warten, daß er nicht geil werde, Röm. 13, 13. 14.
Ebenmäßig vermahnet auch der heilige Apoſtel Pe-
trus, daß man ſich enthalten ſolle von den fleiſchlichen Lüſten, als welche wider die Seele ſtreiten, 1 Petr.
2, 11. und daß man hinfort nicht mehr der Menſchen Lüſten, ſondern dem Willen GOttes leben, 1 Pe-
tri 4, 2. und die vergängliche Lüſte der Welt fliehen
ſolle, damit man der göttlichen Natur wieder theil-
hafftig werden könne, 2 Petr. 1, 4. und daß die, ſo da
wandeln nach dem Fleiſch in der unreinen Luſt, behalten werden zum Tage des Gerichts zur Peini-
gung, 2 Petr. 2, 9. 10. So ſpricht auch der heilige
Johannes, alles, was in der Welt iſt, nemlich Fleiſch-
ſchesluſt, Augenluſt und hoffärtiges Leben, ſey nicht
vom Vater, ſondern von der Welt, 1 Joh. 2, 16.
Dann finden wir in der Geſchichte Tobiä, daß der
Teufel Gewalt habe über die, welche um Unzucht
willen Weiber nehmen, wie das denn das Buch. Tob. 6,
17. 18. und dahero der böſe Geiſt Aſmode ihrer ſie-
ben getödtet, die ſich alſo zur Sarah, Raguels Toch-
ter, beylegen wollten, Tob. 3, 7. 8. vieler anderen
Ausdruckungen in der Schrift von den Lüſten des
Fleiſches zu geſchweigen.

. 7,. 2 — 5. anführet, gesagt werden zu können,
sen er spricht, daß um der Hurerey willen (oder die
Hurerey zu vermeiden) ein jeglicher sein eigen Weib,
und eine jegliche ihren eigenen Mann habe; daß der
Mann dem Weibe, und das Weib dem Manne die
schuldige Freundschaft leiste; daß das Weib ihres
Leibes nicht mächtig sey, sondern der Mann; desgleich
eben der Mann sey seines Leibes nicht mächtig, sondern das Weib; und daß eines dem andern sich nicht
entziehen solle, es sey denn aus beyder Bewilligung
eine Zeitlang, daß sie zum Fasten und Beten Ruhe
haben, und dann wiederum zusammen kommen sollen, auf daß der Satan sie nicht versuche um ihrer
Unkeuschheit willen.

10. Gut und ferne aber ist, daß hiedurch der
heilige Apostel diese sämtliche Fleischeslust, Geilheit,
Unzucht, Unkeuschheit und Unmäßigkeit im Ehestand
heutiger Zeiten daß legitimiren und patrociniren wollen; wie er dann in obigen citatis locis, und andern mehrern, ja in diesem Capitel selbsten seinen Eifer
darwider hat sehen lassen, sondern er hat nach der
Klugheit diesen Corinthern (welche nach heidnischer
Gewohnheit aber Unzucht ergeben waren, und nicht
wußten, daß der Beyschlaf mit seines Vaters Weib
(oder Stiefmutter) eine verbotene Sünde wäre, bis
sie der Apostel darum angeweiset) um ihrer Unkeuschheit willen, wie er v. 5. selbsten sagt, etwas nach-
gegeben, und auf eine Zeitlang also condescendiret,
weilen er mit ihnen, als mit fleischlichen noch nicht
geistlich reden konnte, 1 Cor. 3, 1. und also inter
duo mala das minus zugestanden; gleich Moses
wegen der Härtigkeit der Herzen der Juden denselben
zugelassen, ihren Weibern, wann sie eine Unlust wider

sie

ſie erfaſſet, einen Scheidebrief zu geben, und ſie alſo
zu bimittiren, ohngeachtet es vom Anfange nicht alſo
war, wie der liebe Heiland ſelber ſpricht, Matth. 19,
8. Maſſen der heilige Paulus auch ſelbſten 1 Corinth.
7, 6. hierin that, daß er ſolches, was v. 2. 3. 4. 5.
gemeldet worden, aus Vergunſt ſage, und nicht aus
Gebot des HErrn.

11. Iſt alſo ferne, daß dieſe Condeſcendenz ſollte
eine Regel ſeyn, woran chriſtliche Herzen im Eheſtande gebunden wären. Das Leben der erſten Chri-
ſten insgemein beweiſet ganz das Gegentheil, da man
mit Erſtaunen findet, daß die Gemüther, ſo bald ſie
nur das Wort von JEſu aus der Apoſtel Munde gehöret, die Kraft des keuſchen Lammes JEſu in ſich
empfunden haben, da ſie freylige Liebe zu GOtt ſie
angetrieben, (welche die beſte und auch einzige Leber-
meiſterin in dieſem Puncte iſt) daß ſie ſich ſo bald geiſt-
lich beſchnitten, und die Männer keine Weiber und
die Weiber keine Männer in der Natur mehr wiſſen
wollen; daraus den heiligen Apoſteln von den Heiden
groſſe Verfolgung erwachſen, welche ſie als treue
Diener JEſu erlitten, unter welchen Paulus nicht
der geringſte geweſen. Hätte das obige Wort an die
Corinther aber alhie gewollt, ſollten ſie ſich bald haben aus ihrer Feinde Händen damit retten können, daß
ſie die Weiber zu ihren Männern et vice verſâ ge-
wieſen, welches aber fleiſchlich geweſen wäre; wenn
man, in Nachahmung der heiligen Apoſtelmänner, alſo
reden darf, deren Reſpect ſolches nicht zuläſſet: Man
meldet's aber in Anſehung unſrer Zeit. Ich weiß in
Chriſto, ſollte ein Paulus unter uns aufſtehen, er würde
die fleiſchliche Welt zum ernſthafteſten über ihre finſtere
Wercke des Fleiſches beſtrafen, und nicht für gut heiſ-

K 3　　　　　　ſen,

ren, daß Lehrer dem Fleische also patrociniren und das
Wort reden, und dadurch die Ursache sind, daß fromme Herzen, die ungleich getrauet sind, so viel nun
ihren Ehegatten leiden müssen, und oft des Lebens
bey denselben sich erwegen müssen, sich von ihnen
lassen verjagen, und ins Elend fliehen; welche ein
Spiel des bösen Feindes, das man eher unter Heiden
als Christen suchen sollte. Zwar lehret die gesunde
Vernunft einen Heiden in der Natur, daß die Ver-
mengung Mannes und Weibes ein Werk des freyen
Willens, da ein Theil das andere nicht zu forciren
kann: wie man auch unter ehrbaren bloß natürlichen
Leuten Exempel weiß, daß sie einander darinne keine
Gewalt anthun, und das Weib sich von ihrem Mann
niemals wollen berühren lassen, und lebet man dabey
wohl und friedlich mit einander. Was soll einer denn
nicht thun, wann er siehet, daß der Ehegatte um des
Gewissens willen sich nicht verunreinigen kann? Dann
mit der Wiedergeburt die Fortpflanzung im Fleische
aufhöret, wie die Kinder GOttes wissen; da der
Wille einmal für allemal in GOtt übergeben ist, und
man nicht mehr in eignen Willen eingehen und etwas
thun kann: Der fleischliche Beyschlaf aber ist eigener
Wille, wie ein wiedergeborner Mensch in Christo,
welcher Licht und Leben ist, im Licht findet, und
dahero wachet und betet, daß er nicht in Anfechtung
falle, und heisset: Die Christo angehören, der haben
ihr Fleisch gecreuziget, samt den Lüsten und Be-
gierden, Galat. 5, 24. Wenn Eheleute in der
Natur ihren Zweck erreichet, und Kinder in ihrer Ehe
gezeuget und geboren, da soll ein Theil dem andern
desto mehr nachgeben, inmalen der Mann dem gottseligen Weibe: Welches Geschlecht selbsten in der Natur einen fleischlichen Mann unmöglich vergnügen
kann,

kem, und derselbe dahero in der Natur die Enthaltung im Fleische lernen muß; vielmehr wann es mit
Christi wegen zu thun ist.

12. Das Gesetz weiset uns klärlich an, daß
man das eheliche Werk, auf seine allerreineste Art
genommen, noch in GOtt heben kann, und daß es
unrein vor GOttes klaren Augen ist, (vor welchem
auch die Himmel nicht rein befunden werden) dahero
Moses auf GOttes Befehl dem Volk gebote, daß es
sich heiligen mußte, ehe sie zum Berge Sinai GOtt
naheten; da Moses ausdrücklich setzet, daß sich keiner
zum Weibe nahen sollte, Exod. 19, 15. Selbst
befahl GOtt Mose, daß er dem Aron und seinen
Söhnen eine gewisse Art leinene Unterhosen machen
mußte, welche das Fleisch ihrer Scham deckten, und
diese mußten sie anhaben, wann sie in die Stiftshüt-
ten gehen, oder zum Altare hinzu treten wollten zum
heiligen Dienst; auf daß sie nicht ihre Missethat tragen
und sterben müßten; und dieses sollte ihnen eine ewige
Weise seyn, (so doch war daran gelegen) Exod. 28,
42. 43. welches weit wunder ist, als der Beyschlaf.
Ein ander Fürbild ist mit David und seinen Männern,
welchen der Priester Abimelech in ihrer Hungersnoth
die heiligen Schaubrotte nicht geben wollte, bis er
versichert ward, daß sie sich von Weibern enthalten,
1 Sam. 21, 4. Der Prophet und Psalmist David
hat im Geiste zurück gesehen in den Saamen, daraus
er empfangen, und in die Natur, daraus er geboren,
und setzet mit tiefen Worten: Ich bin aus sündlichem
Saamen gezeuget, und meine Mutter hat mich in
Sünden empfangen, Ps. 51, 7. Sein Auge war
einfältig, und kein Schalk, darum war sein ganzer
Leib licht, Matth. 6, 22. 23. Es war Sophia
selber;

selber; darum saget David, du lässest mich wissen
die heimliche Weisheit, Psalm 51, 8. An diesem
Auge mangelts uns, darum tappen wir im Finstern.
Unser lieber Heiland setzet selbsten das Freyen und
Sich Freyen lassen unter die Zeichen der allzugroßen
Sicherheit und sorglosen Verachtung der Zukunft
Christi zum Gericht, Luc. 17, 18. 19. Ja er
preiset selig die Leiber, die nicht geboren haben, und
die Brüste, die nicht gesäuget haben, Luc. 23, 29.
Auch will der heilige Paulus, daß ein Bischoff
als ein Fürbild der Keuschheit und Reinigkeit, nur
Eines Weibes Mann gewesen seyn solle, und eine
Diener der Gemeine nur Eines Mannes Weib,
1 Timoth. 3, 2. und 4, 9. und setzet weiter, wenn
man wider Christum geil werde, so wolle man freyen,
v. 11. So hat der liebe Heiland, der uns in allem, ausgenommen die Sünde, ist gleich worden,
als ein Fürbild der Heiligkeit und Reinigkeit, kein Weib
genommen.

13. Und weilen wir denn nach der Lehre und
Exempel des lieben Heilandes GOtt von ganzem
Herzen, von ganzer Seele, von ganzem Gemüthe,
und aus allen Kräften lieben sollen, Matth. 22, 37.
Marc. 12, 30. auch heilig und vollkommen seyn,
gleichwie der Vater im Himmel vollkommen und heilig
ist Matth. 5, 48. 1 Petr. 1, 14 15. 16. und
ohne Heiligung Niemand GOtt schauen wird, und
wir also demselben nachjagen sollen, Hebr. 12, 14.
Wie ist ja auch eine solche gottliebende Seele ferner
werth zu verdenken, noch ihr zu verargen, die mit
dem Licht GOttes im Gemüthe angezündet, ihre
Heiligung suchet, und Christo JEsu in der Wiedergeburt und Erneurung des Menschen im Zuge des

Vaters

Vaters nachzufolgen, sich um des Himmelreichs willen beschneidet, Matth. 19, 12. dahero auch um Gewissen anstehet, die sonst zuläßige Pflicht des ehestandlichen Beyschlaffens zu erstatten; vielweniger aber das unkeusche, unreine, unzüchtige, geylhaffte und thierische Wesen und Willen ihres Ehegatten zu erfüllen: Und kann hier kein Regart der Natur Platz haben, sondern es heisset vielmehr über alles dasjenige, was bereits oben N. 8. gesaget worden, auch nach dem Ausspruch des lieben Heilandes selbsten: Laß die Todten die Todten begraben, du aber folge mir nach, Matth. 8, 22. Und weiter, wer nicht verleugnet, ja hasset Vater, Mutter, Mann, Weib, Kind rc. der kann nicht mein Jünger seyn, Luc. 14, 26. Wie denn auch nur diejenigen dem Lamm, wo es hingehet, nachfolgen, und das neue Lied singen können, welche von der Erden und aus den Menschen durch das Blut Christi erkaufft, und mit Weibern (oder Männern) nicht beflecket, sondern Jungfrauen sind, Apoc. 14, 3. 4.

14. GOtt wolle es in aller Herzen lassen Tag werden, und sonderlich den Lehrern ernst Laute dis Schuppen von ihren Augen wegthun, daß sie sehen mögen, in welcher Finsterniß sie wandeln, da sie dieses angeführte unreine, unkeusche geyle und mehr dann thierische Wesen befördern dörfen, und noch darzu diejenigen, die durch GOttes Gnade und Kraft dem ungöttlichen Wesen entrunnen sind, und dem Unflat der Welt durch die Erkenntniß des HErrn und Heilandes JEsu Christi entsaget haben, wiederum durch Unzucht zur sterblichen Lust, unter allerhand Vorwand und kahler und verdrehter Anführung der Schrift, nicht nur reizen, und wiederum einfechten

K 5 wollen,

wollten, zu ihrem eigenen Verderben; sondern gar mit
äusserlicher Gewalt und Strafe, vermittelst der Obrigkeit, zwingen wollen. O Schande über Schande!
Und siehet man daraus, daß GOttes Gericht an ihnen
ist, wie damalen bey der Ankunft JEsu im Fleische
über und in dem jüdischen Volk entbrannt war, welches ein Zeichen, daß der liebste Heiland abermal
nahe vor der Thür ist, um das gottlose Wesen in
Jacob, seinem Christenthum, abzuwenden, als ein
GOtt und starker Erretter der Seinigen, die sich von
ganzem Herzen zu Ihme bekehren, Esa. 19, 20.
Röm. 11, 26. und Tag und Nacht zu Ihme rufen
in ihren Aengsten und Nöthen, Luc. 18, 7. Er ist
in seinen Heiligen bereits erschienen, und hat sie von
ihrem Unflat rein gewaschen, mit seinem Blut, Apoc.
1, 5. zu Erfüllung der Weissagung, Sirach 4, 4.
Und dieses Blut ist's, das zu GOtt in den Himmel
schreyet über Gewalt und Noth von dem Satan, der
höllischen Schlange; daher der liebe GOtt sich nicht
kann enthalten, der himmlischen Mutter und der groß-
en Arbeit zu helfen, bis sie endlich ohne Wehe ihre
Kinder sanft gebären wird, Esa. 66, 8. Ach komm,
lieber HErr JEsu, bald! Amen, Amen!

15. Will man aber fragen, wie sich denn eigentlich zu verhalten mit denjenigen Ehegatten, ein- oder
anderseits, die in ihren Fleischeslüsten ersoffen sind,
und von keiner Enthaltung wissen wollen? Antwort.
Es ist für denjenigen das härteste Creuz auf Erden,
mit einem solchen Seile am Baare zu stehen: Es kann
aber ein Theil das andere selig machen, und dasselbe
durch JEsu Beystand gar wohl von dieser Krankheit
heilen, wofern das kranke Theil sich nur will helfen
lassen, und JEsum den himmlischen Arzt nicht von
sich

sich aus dem Hause stößet, und sich also muthwillig scheidet, 1. 1 Cor. 7, 15. 16. Die Kräuter wachsen der angefochtenen Seele, die sich aber der Kauschheit selben muß, in ihrem eigenen Gärtlein, welches JEsus in ihrem Herzen hat, Cant. 4, 12. darinn es allerley Gewürzbeetlein hat, Cap. 6, 1. welche unser himmlischer Arzt gepflanzet wider allen Nahum der verderbten und von der Schlangen vergifteten Tinctur, beydes in Mann und Weibe. Glaube, Liebe und Hoffnung blühen alle Morgen neu, und sind lauter göttliche Kräfte, da man sich immerdar des Guten verstehet, und nichts böses ins Gemüth einlassen kann; wodurch in dem Kranken der böse Gast im Grunde gehoben und der Satan ausgetrieben wird. Der Glaube ist das Corrosiv und Wein, womit der Wunde gewaschen wird, und die Liebe JEsu in unserm Herzen ist Oel, welches die Art hat, daß es das Böse vollend ausführet, und die Wunde heilet: Die Hoffnung ist das Band, womit der Kranke verbunden wird. Von diesem Universalbus ist der göttliche Samariter bey allem Fall verstehen: Die Specialia überläßet Er uns, als in der Herberge und Domicilio, da Eheleute einander pflegen müssen: und sind darzu die Kräuter und Gewürze göttlicher Experienz im Garten zur Hand, aus welchen diese einfältige Augensalbe auch präpariret worden; nicht der Meinung, dieselbe in die Welt hinein zu wollen schreiben, und unser Heiligthum den Hunden zu geben ꝛc. auf daß sie uns nicht zerreissen. Matth. 7, 6. Man ist damit fürsichtig, und wird nur, als für uns selber gehöreben, zu einem Handrecept. Andere gute Herzen haben auch ihre Gabe von GOtt, und nicht nöthig, von Menschen gelehret zu werden; die liebe Noth lehret sie selber beten, da es heisset: Suchet, so werdet ihr

ihr finden, und je mehr gesucht, je mehr gefunden
wird) lehret dem Gemüthe die Erfahrung: Da man
dem lieben Nächsten zwar das Gute, das uns GOtt
gegeben, nicht vorenthalten will, sondern gern mit-
theilet, was man ist und hat; alles in GOtt und
seinem heiligen Willen. Dabey wir aber erinnern
und warnen, gleichfalls damit in der Furcht GOttes fürsichtig und behutsam umzugehen und zu unterscheiden, was kluge oder thörichte Jungfrauen sind, und
diese letzte an die Apotheker oder Krämer zu kennen,
die ihre Waare publik zu Kauf hatten, da können sie
sich verstehen.

16. Der HErr erhalte uns in seiner heiligen
Furcht, und gebe uns allen einen Sinn und Willen in
Christo, welcher in keine Sünde williget, noch mehr
sündigen kann, denn wir damit aus GOtt geboren
sind, Tob. 4, 6. 1 Joh. 3, 9. Der liebe GOtt
wolle uns auch alle im Geist stark machen, daß wir
in diesem Willen in Christo den Satan darnieder werfen und binden mögen, und Ihn also vor die Füsse
legen, der Schlangen den Kopf zu zertreten,
Amen! ja Amen.

Der Buchbinder

hat die Figuren folgender gestalt gehörig einzukleistern:

1) Die zwey nebeneinander stehende mit der Ueberschrift: Theosophia Practica, werden von dem Titel an ein Fäschen eingemacht.

2) Das Rad der Geburt kommt an einem Fäschen Seite 1. vors erste Capitel zu stehen.

3) Die übrigen zwey Kupfer aber gehören zu Seite 16 und 47. vors zweyte und dritte Capitel.

NB. Es muß das Buch nicht so sehr beschnitten werden, weil der deere Raum überall bleiben soll.